Pizza und Toast

VERLAG MARTIN GREIL GMBH

Inhalt

Ein Wort zuvor　5

Pikantes vom Blech – Pizza und Co.　6

Toasts, die heißgeliebten Leckerbissen　24

Herzhafte Kuchen, Pasteten und Pies　34

Knusprige Käsehäppchen　52

Rezeptverzeichnis　62

© 1990 für die deutschsprachige Ausgabe by Verlag Martin Greil GmbH, Grünwald. Alle Rechte vorbehalten, auch die des teilweisen Abdrucks. Fotomechanische Wiedergabe nur mit Genehmigung des Verlages.

Rezepte und Ideen:
Friederun Köhnen, Christa Schraa, Gisela Zietlow, Petra Ahland, Erwin van de Kerkhoff

Fotos:
Dietmar Frege, Ludger Rose, Monika Brink, Christof Schlotmann

Redaktionelle Überarbeitung und Gestaltung:
Veronika und Ulrich Müller, Zell a.H.

Layout:
Ulrich Müller, Zell a.H.
FAB Günther Fannei GmbH, Berlin

Umschlaggestaltung:
R.O.S., Leonberg

Printed in Jugoslavia

ISBN 3-89430-209-7

Ein Wort zuvor

Pizzen müssen nicht immer rund und mit Tomaten, Schinken oder Salami belegt sein. Warum nicht einmal die Meeresfrüchte-Pizza in Fischform servieren oder zur Geburtstagsfeier ein Pizza-Herz backen? Und eine Drachen-Pizza findet sicher nicht nur bei Kindern Gefallen, auch die „großen Esser" werden überrascht sein, wie dekorativ sich ein schmackhafter Belag präsentieren kann. Alles ist erlaubt, was schmeckt und sich optisch kombinieren läßt, zur Freude aller Genießer.

Und als kleiner Imbiß zwischendurch, als feine Vorspeise, zum Abendbrot und auch für Überraschungsgäste sind Toasts goldrichtig. Ob mit Käse, Wurst, Fleisch, Fisch oder Gemüse und vielen anderen Köstlichkeiten belegt, sie schmecken immer, sie gelingen immer und sie sind immer willkommen. Auch pikante Kuchen, deftige Pasteten und Pies haben inzwischen bei uns begeisterte Anhänger gefunden. Denn wer kommt schon an einer Quiche Lorraine, einer Kalbfleischpastete oder einem dieser anderen herzhaften Leckerbissen vorbei? Verwöhnen Sie sich, Ihre Familie oder Ihre Gäste mit immer neuen Ideen. Dieses Buch zeigt Ihnen, wie leicht es gelingt, aus einfachen Grundrezepten kleine und große Köstlichkeiten zu komponieren.

Wenn nicht anders angegeben, sind alle Rezepte für 4 Personen berechnet.

Pikantes vom Blech – Pizza und Co.

Gemüse-Pizza

Teig:
200 g Quark, 6 Eßlöffel Milch, 1 Ei, 6 Eßlöffel Öl, ½ Teelöffel Salz, 1 Prise Zucker, 400 g Mehl, 2 Teelöffel Backpulver

Belag:
250 g Salami in Scheiben, 400 g Zucchini, 300 g Auberginen, 500 g Tomaten, 1 Teelöffel Estragon, Pfeffer, 200 g geriebener Käse

1 Einen Quark-Öl-Teig (siehe Seite 8) zubereiten, ausrollen und auf ein gefettetes Blech legen.

2 Zucchini, Auberginen und Tomaten waschen und in Scheiben schneiden und den Teig damit schuppenförmig belegen. Mit Estragon, Salz und Pfeffer würzen. Mit Käse bestreuen und im vorgeheizten Backofen bei 200 Grad 30–40 Minuten backen.

***

Sauerkrautkuchen

Teig:
500 g Mehl, 2 Päckchen Trockenhefe, ⅛–¼ Liter lauwarme Milch, 1 Ei, 80 g Butter oder Margarine

Belag:
1 Zwiebel, 40 g Butter oder Margarine, 1 kg Sauerkraut, Salz, Pfeffer, ⅛ Liter Wein, ⅛ Liter Brühe, 2 rohe Kartoffeln, 125 g Cocktailwürstchen aus der Dose, 200 g Ananas aus der Dose, Paprikapulver

1 Aus den Teigzutaten einen Hefeteig (siehe Seite 9) bereiten. Gehen lassen, ausrollen und ein gefettetes Blech damit belegen.

2 Gewürfelte Zwiebel im heißen Fett andünsten, Sauerkraut, Wein und Brühe zufügen, ca. 15 Minuten dünsten. Salzen, pfeffern und mit geriebenen rohen Kartoffeln binden.

3 Auf den Teig streichen, mit Würstchen und in Stücke geschnittener Ananas belegen. Mit Paprika bestäuben, noch mal kurz gehen lassen. Dann im vorgeheizten Backofen bei 200 Grad 30–40 Minuten backen.

nicht gefriergeeignet

Pizza mit Hackfleisch

Teig:
500 g Mehl, 2 Päckchen Trockenhefe, ⅛–¼ Liter lauwarme Milch, 80 g Butter, 1 Ei

Belag:
60 g Butter oder Margarine, 4 Zwiebeln, 2 Knoblauchzehen, 1 kg Rinderhackfleisch, 250 g geschälte Tomaten aus der Dose (400 g), 2 Eßlöffel Tomaten-Ketchup, Salz, Pfeffer, Tabasco, 2 grüne Paprikaschoten, 200 g Champignons aus der Dose

1 Einen Hefeteig (siehe Seite 9) bereiten, gehen lassen, ausrollen und auf ein gefettetes Backblech legen.

2 2 Zwiebeln und die Knoblauchzehen würfeln und in der heißen Butter glasig dünsten. Hackfleisch darin anbraten. Mit den abgetropften Tomaten und dem Ketchup mischen, dann abschmekken und auf den Hefeteig streichen.

3 Mit Paprikastreifen, Zwiebelringen und halbierten Champignons belegen, noch mal kurz gehen lassen und die Pizza dann im vorgeheizten Backofen bei 200 Grad 30–40 Minuten backen.

✱✱✱

Bunte Pizza

Teig:
2 Pakete tiefgekühlter Blätterteig (600 g)

Belag:
500 g Tomaten, 150 g Artischockenherzen aus der Dose, 80 g mit Paprika gefüllte Oliven, 5 hartgekochte Eier, 250 g aufgetaute TK-Shrimps, Salz, Pfeffer, Oregano, Dill

1 Blätterteig auftauen lassen, die einzelnen Platten übereinanderlegen und ausrollen. Ein kalt abgespültes Backblech damit auslegen.

2 Tomaten waschen, Eier pellen und beides in Scheiben schneiden. Auf den Teig geben. Mit Oliven, kleingeschnittenen Artischockenherzen und Krabben belegen. Mit Salz, Pfeffer und Oregano bestreuen. Im vorgeheizten Backofen bei 225 Grad 20–30 Minuten backen. Nach dem Backen mit den Dillsträußchen garnieren.

nicht gefriergeeignet

Zwiebelkuchen

Teig:
400 g Mehl, 2 Eier, 1 Teelöffel Salz, 150 g Butter oder Margarine

Belag:
4 Gemüsezwiebeln, 200 g durchwachsener Speck, 40 g Butter oder Margarine

Guß:
3 Eier, 1 Becher Crème fraîche, 150 g geriebener Käse, Salz, 1 Eßlöffel Kümmel

1 Aus den Teigzutaten einen Mürbeteig (siehe Seite 9) kneten, kalt stellen, dann auf einem gefetteten Blech ausrollen.

2 Geschälte Gemüsezwiebeln in Ringe, Speck in Würfel schneiden. Fett erhitzen, die Speckwürfel darin anrösten. Die Zwiebelringe zugeben und glasig braten.

3 Eier mit Crème fraîche und geriebenem Käse mischen. Mit Salz und Kümmel würzen und darübergießen. Kuchen im vorgeheizten Backofen bei 200 Grad ca. 30 Minuten backen.

✱✱✱

Variation: Sehr lecker ist auch ein Belag aus Mais, Brokkoli, Porree, Paprika und Schinken, der mit einem Eier-Sahne-Guß überzogen wird. Der Belag ist für alle Teigarten geeignet.

Pikantes vom Blech – Pizza und Co.

Quarkteig

Das Mehl auf eine Arbeitsfläche geben und in die Mitte eine Vertiefung drücken. Butter oder Margarine in Flocken auf den Rand setzen.

Den Quark – am besten geeignet ist Quark der Magerstufe – in die Vertiefung geben. Der Quark muß ganz frisch, er darf nicht trocken sein.

Alle Teigzutaten von außen nach innen zu einem glatten Teig verkneten. Den Teig vor der Weiterverarbeitung kühl stellen. Dann auf der bemehlten Arbeitsfläche ausrollen.

Quark-Öl-Teig

Quark und Öl in einer Schüssel mit allen übrigen Zutaten außer Mehl und Backpulver verrühren. Am besten geeignet ist ganz frischer Quark der Magerstufe.

Mehl und Backpulver vermischen. Die Hälfte dieser Mischung mit den Knethaken des Handrührgeräts unter den Quark kneten.

Den Teig auf eine Arbeitsfläche geben und das restliche Mehl mit den Händen unterkneten. Den Teig vor der Weiterverarbeitung kühl stellen.

Hefeteig

Mehl in eine Schüssel geben. In die Mitte eine Vertiefung drücken, die Hefe hineinbröckeln, mit einem Teil der lauwarmen Milch zum Vorteig verrühren und an einem warmen Ort ca. 15 Minuten gehen lassen.

Übrige Zutaten in die Schüssel geben und alles mit den Knethaken der Küchenmaschine zu einem glatten Teig verarbeiten.

Den Teig mit einem Küchentuch bedeckt an einem warmen, zugfreien Ort gehen lassen, bis er etwa um das Doppelte aufgegangen ist. Eventuell noch einmal mit den Händen durchkneten.

Mürbeteig

Bei der Mürbeteigzubereitung mit der Hand gibt man das Mehl auf eine Arbeitsfläche und drückt in die Mitte eine Vertiefung, in die das Ei und die Gewürze gegeben werden.

Gut gekühlte Butter oder Margarine in Flocken auf den Rand setzen. Alle Zutaten mit einer Palette oder einem Messer hacken, dann von außen nach innen zu einem glatten Teig kneten.

TIP

Mürbeteig kann auch sehr gut in der Küchenmaschine bereitet werden. Dann muß das Fett allerdings weich sein. Der fertige Teig sollte einige Stunden im Kühlschrank ruhen.

Pikantes vom Blech – Pizza und Co.

Für den großen Baum einen Eßteller, für den kleinen Baum einen Dessertteller als Schablone auf den ausgerollten Teig legen. Beim Ausschneiden die Stämme nicht vergessen.

Den Baum auf das eingefettete Blech legen und den Teig mit einer Gabel mehrfach einstechen. Dann mit Sauerkraut und Kirschtomaten belegen.

Den Baumstamm mit verquirltem Eigelb oder etwas Milch bestreichen und zur Garnierung mit Kümmel oder Mohn bestreuen.

Pizza-Baum

Teig:

400 g Mehl, 400 g Quark, 200 g Butter oder Margarine, 1 Teelöffel Salz, 1 Teelöffel Paprikapulver, 1 zerdrückte Knoblauchzehe

Belag für den großen Baum:

750 g Sauerkraut, 500 g Kirschtomaten, 2 Teelöffel Kümmel, Salz, Pfeffer, 2 Becher saure Sahne (400 g), 200 g Mozzarellakäse, schwarzer Pfeffer aus der Mühle

1 Für den Teig Mehl in eine Schüssel geben, Quark und Butter oder Margarineflöckchen zufügen und alles mit Salz, Paprika und der Knoblauchzehe vermischen.

2 Die Teigzutaten mit den Fingern ineinander reiben und dann mit den Händen zu einem glatten Teig verkneten.

3 Den Teig ausrollen und wie in den Handabläufen gezeigt zu den Bäumen ausstechen.

4 Für den Belag das Sauerkraut auf der runden Fläche ausbreiten. Die gewaschenen und abgetrockneten Kirschtomaten darauf verteilen.

5 Den Stamm mit verquirltem Eigelb, Milch oder Wasser bestreichen und mit reichlich Kümmel bestreuen.

6 Die saure Sahne mit dem in kleine Würfel geschnittenen Mozzarella vermischen und über das Sauerkraut verteilen. Alles kräftig mit Pfeffer übermahlen.

7 Den Baum vorsichtig auf ein mit Backpapier belegtes oder mit Öl eingefettetes Blech legen und im vorgeheizten Backofen bei 200 Grad 30 Minuten backen.

nicht gefriergeeignet

2. Belag für den kleinen Baum:

1 Becher Crème fraîche, 250 g Sauerkraut, 1 Zwiebel, 1 großer säuerlicher Apfel, Kümmel, Mohn oder 200 g geriebener Käse

1 Den ausgerollten Teig mit Crème fraîche bestreichen, mit Sauerkraut und der geschälten, in Ringe geschnittenen Zwiebel belegen.

2 Den Stamm mit Eigelb oder Milch bestreichen und mit Mohn bestreuen. Apfel schälen und reiben.

3 Pizza mit Apfel, Kümmel und Käse bestreuen. Im vorgeheizten Backofen bei 200 Grad 30 Minuten backen.

4 Aus den Teigresten einen Zaun schneiden, mit Eigelb oder Milch bestreichen und mit Kümmel, Mohn oder Käse bestreuen. Den Zaun mit dem Pizza-Baum backen, aber bereits nach 10–15 Minuten herausnehmen.

nicht gefriergeeignet

Pikantes vom Blech – Pizza und Co.

Ein Backblech ölen oder mit Backpapier belegen. Den Teig darauf ausrollen und mit Hilfe einer Schablone zu einer großen Rhombe ausradeln.

Aus den Teigresten eine Rolle für den Schwanz formen und kleine Rechtecke als Schleifen ausschneiden.

Beides auf ein zweites mit Backpapier belegtes oder mit Öl bestrichenes Backblech geben, mit Sauce bestreichen und belegen.

Drachen-Pizza

500 g Mehl, 1 Würfel Hefe (42 g), gut ⅛ Liter lauwarmes Wasser, 8 Eßlöffel Öl, 2 Knoblauchzehen, ½ Teelöffel Salz

Sauce:
40 g Mehl, 40 g Butter oder Margarine, ¼ Liter Milch, geriebene Muskatnuß, 100 g geriebener Käse, Salz, Pfeffer, Paprikapulver

Belag:
1 kg Tomaten, 200 g Schinken, 100 g verlesene, gewaschene Spinatblätter, 1 Stange Spargel, 2 Sellerieblätter, 1 rote Paprikaschote, 2 Eßlöffel Maiskörner aus der Dose, 1 grüne Paprikaschote oder ½ Avocado, 1 kleine Gewürzgurke, Salz, grobgeschroteter Pfeffer, 1 Teelöffel Oregano

1 Mehl in eine Schüssel geben, in die Mitte eine Vertiefung drücken. Die Hefe hineinbröckeln und mit dem lauwarmen Wasser zu einem Vorteig verrühren. Mit einem Küchentuch bedeckt 30 Minuten an einem warmen Ort gehen lassen.

2 Öl, die geschälten, zerdrückten Knoblauchzehen und das Salz zufügen. Alles zu einem glatten Teig kneten und nochmals 30 Minuten an einem warmen Ort gehen lassen.

3 Den Teig ausrollen und entsprechend den Handabläufen zu einem Drachenmuster ausschneiden.

4 Die Sauce zubereiten: Dazu das Mehl in Butter hell anschwitzen, mit Milch unter Rühren ablöschen und etwa 8 Minuten kochen lassen. Dann geriebene Muskatnuß und Käse vermischen, mit Salz, Pfeffer und Paprikapulver abschmecken und auf den Teig streichen.

5 Für den Belag die Tomaten mit kochendem Wasser überbrühen, häuten und in Scheiben schneiden. Auf dem Drachen verteilen.

6 Um das Gesicht zu formen, den Schinken als Wangen in die Mitte legen. Die Spinatblätter bilden das Haar, der Spargel und die Sellerieblätter die Nase.

7 Aus der roten Paprikaschote (und nach Belieben noch 2 Scheiben Salami) werden die mit dem abgetropften Mais gefüllten Augen gebildet.

8 Der Mund wird aus Streifen von grüner Paprika oder Avocado, der Bart aus der fächerförmig geschnittenen Gurke geformt.

9 Den Drachen im vorgeheizten Backofen bei 200 Grad etwa 40 Minuten backen.

✱✱✱ *(ohne Avocadoscheiben)*

Pikantes vom Blech – Pizza und Co.

Pizza-Fisch

Teig:

250 g Mehl, 25 g Hefe, ⅛ Liter lauwarmes Wasser, 1 Prise Salz, 1 Teelöffel Zitronensaft, etwas abgeriebene Zitronenschale, 4 Eßlöffel Öl

Sauce:

40 g Butter oder Margarine, 20 g Mehl, 1 Becher Sahne (200 g), 100 g geriebener Käse

Belag:

300 g abgetropfte Muscheln aus der Dose, 200 g aufgetaute TK-Shrimps, 200 g Lachs, 1 Teelöffel deutscher Kaviar, Sellerieblättchen

1 Mehl in eine Schüssel sieben. In die Mitte eine Vertiefung drücken, die Hefe hineinbröckeln, mit lauwarmem Wasser zum Vorteig verrühren und diesen 20 Minuten an einem warmen Ort gehen lassen.

2 Salz, Zitronensaft, Zitronenschale und Öl dazugeben, alles zu einem glatten Teig verkneten und nochmals mit einem Küchentuch bedeckt 20 Minuten gehen lassen.

3 Den fertigen Teig ausrollen und entweder aus der Hand oder mit Hilfe einer Schablone zu einem Fisch ausschneiden. Auf ein gefettetes oder mit Backpapier ausgekleidetes Backblech legen und im vorgeheizten Backofen bei 200 Grad 20 Minuten backen.

4 Für die Sauce Mehl in Butter oder Margarine anschwitzen, mit der Sahne unter Rühren ablöschen und 5 Minuten kochen lassen, dann mit dem Käse vermischen.

5 Fisch mit der Sauce bestreichen und wie auf dem Foto mit den übrigen Zutaten belegen. Nochmals in den Backofen schieben und ca. 10 Minuten überbacken.

nicht gefriergeeignet

Pizza-Herz

250 g Mehl, 25 g Hefe, ⅛ Liter lauwarmes Wasser, 1 Prise Salz, 3 Eßlöffel Öl

Sauce:

1 kleine Dose Tomaten (400 g), 1 Zwiebel, Salz, Pfeffer, Oregano, 3 Eßlöffel Öl

Belag:

2 große Champignons, 200 g roher Schinken, 1 Zucchini, 125 g geriebener Käse

1 Mehl in eine Schüssel geben. In die Mitte eine Vertiefung drücken, die Hefe hineinbröckeln, mit dem lauwarmen Wasser zu einem Vorteig verrühren und diesen zugedeckt an einem warmen Ort 20 Minuten gehen lassen.

2 Öl und Salz zufügen und alles zu einem glatten Teig verkneten und nochmals 30 Minuten gehen lassen.

3 Für die Sauce die mit ihrem Saft durch ein Sieb gedrückten Tomaten mit der geschälten, sehr fein gewürfelten Zwiebel, Salz, Pfeffer, Oregano und Öl im offenen Topf in ca. 20 Minuten bei nicht zu starker Hitze cremig einkochen lassen.

4 Den Teig ausrollen. Entweder aus der freien Hand oder mit Hilfe einer Schablone ein Herz ausschneiden. Wenn Sie den Teig gleich auf dem Backpapier oder einer Folie ausrollen, haben Sie keine Schwierigkeiten, das Herz von der Arbeitsfläche auf das Blech zu heben.

5 Das Herz mit der Tomatensauce bestreichen, mit in Scheiben geschnittenen Champignons, zu Röllchen gedrehtem Schinken und Zucchinischeiben bunt belegen, mit Käse bestreuen und im vorgeheizten Backofen bei 200 Grad 30 Minuten backen.

✱✱✱

Pikantes vom Blech – Pizza und Co.

Bunte Pizzen vom Blech

Grundteig:
500 g Mehl, 1 Würfel frische Hefe (42 g),
⅛ Liter lauwarmes Wasser,
1 Teelöffel Salz, 6 Eßlöffel Öl

1 Mehl in eine Schüssel geben, in die Mitte eine Vertiefung drücken, die Hefe hineinbröckeln, mit lauwarmen Wasser zu einem Vorteig rühren und 10 Minuten an einem warmen Ort zugedeckt gehen lassen.

2 Salz und Öl untermischen und den Teig gut durchkneten. Dann noch mal mindestens 1 Stunde gehen lassen.

3 Den Teig auf einer bemehlten Arbeitsfläche oder dem mit Backpapier belegten oder gefetteten Blech ausrollen und mit beliebigen Mischungen (s. nachstehende Rezepte) belegen.

✱ ✱ ✱

Elsäßer Belag (für 1 Blech)
750 g Sauerkraut, 2 große säuerliche Äpfel,
400 g Tomaten, Salz, Pfeffer,
1 Eßlöffel Kümmel, 250 g Mozzarellakäse,
1 Teelöffel grob geschroteter Pfeffer,
1 Teelöffel Oregano, 3 Eßlöffel Knoblauchöl

1 Den Teig mit dem mit 2 Gabeln zerpflückten Sauerkraut belegen.

2 Die Äpfel schälen, halbieren, in Spalten und diese in Stifte schneiden. Auf das Sauerkraut streuen.

3 Tomaten mit kochendem Wasser überbrühen, häuten und in Scheiben schneiden.

4 Mozzarella in Stücke teilen und mit den übrigen vorbereiteten Zutaten auf das Sauerkraut verteilen.

5 Die Pizza mit den Gewürzen bestreuen, mit Knoblauchöl beträufeln und im vorgeheizten Backofen bei 200 Grad 30 Minuten backen.

nicht gefriergeeignet

Rimini-Belag (für 1 Blech)

1500 g Tomaten, 300 g aufgetaute TK-Shrimps, 500 g Zwiebeln,

300 g Miesmuscheln natur aus dem Glas,

250 g geriebener Gouda,

Salz, Pfeffer, Paprikapulver, italienisches Pizzagewürz (Fertigmischung), 5 Eßlöffel kaltgepreßtes Olivenöl

1 Die Tomaten mit kochendem Wasser überbrühen, häuten und in Scheiben schneiden. Auf den ausgerollten Teig legen.

2 Die Shrimps darauf verteilen.

3 Zwiebeln schälen, in dünne Ringe schneiden und ebenfalls auf die Tomaten geben.

4 Muscheln auf einem Sieb abtropfen lassen und auch auf die Pizza legen. Alles mit den Gewürzen bestreuen, mit Öl beträufeln und mit Käse bedecken.

5 Die Pizza im vorgeheizten Backofen bei 200 Grad 40 Minuten backen.

nicht gefriergeeignet

Spinat-Belag (1 Blech)

1 Kilo Blattspinat, 2 Knoblauchzehen,

6 Eßlöffel Öl, Salz, Pfeffer, Muskat,

2 Becher Crème fraîche (400 g),

500 g gegartes Geflügelfleisch,

4 Eßlöffel Mandelblättchen

1 Den verlesenen, gewaschenen Blattspinat tropfnaß in einen Topf geben und zusammen mit dem zerdrückten Knoblauchzehen in Öl andünsten. Mit Salz, Pfeffer und Muskat abschmecken.

2 Den ausgerollten Teig mit Crème fraîche bestreichen. Den abgetropften Spinat und das gewürfelte Fleisch darauf verteilen.

3 Mit den Mandelblättchen bestreuen und im vorgeheizten Backofen bei 200 Grad 30 Minuten backen.

* * *

Variation: In der Spargelsaison sind die weißen Stangen, zusammen mit Champignons und Eiern, ein besonders delikater Pizzabelag. Sie werden mit einer Käse-Sahne-Mischung übergossen.

Pikantes vom Blech – Pizza und Co.

Pizza „Venezia"

Teig:
500 g Mehl, 2 Päckchen Trockenhefe, ½ Teelöffel Salz, ⅛–¼ Liter lauwarme Milch, 80 g Butter oder Margarine

Belag:
*Knoblauchöl, Basilikum,
2 rote Paprikaschoten, 12 Scheiben roher Schinken, 1 große Dose geschälte Tomaten, 1 Glas mit Paprika gefüllte Oliven, Oregano, Salz, Pfeffer,
200 g mittelalter Gouda*

1 Mehl in einer Schüssel mit der Trockenhefe und dem Salz vermischen.

2 Lauwarme Milch mit der darin aufgelösten Butter oder Margarine angießen und alles zu einem glatten Teig verarbeiten. Den Teig an einem warmen Ort zugedeckt ca. 30 Minuten gehen lassen.

3 Anschließend ausrollen und vier eingefettete Pizzaformen damit auslegen.

4 Knoblauchöl mit Basilikum verrühren und den Teig damit bestreichen.

5 Paprikaschoten waschen, trockentupfen, halbieren, von Stengelansätzen und Samensträngen befreien und in Streifen schneiden.

6 Den Schinken, die abgetropften Tomaten und die Paprikastreifen bunt auf der Pizza anordnen. Mit Oliven garnieren.

7 Mit Oregano, Salz, Pfeffer und geriebenem Käse bestreuen und erneut kurz gehen lassen. Im vorgeheizten Backofen bei 200 Grad 35–40 Minuten backen.

✱✱✱

Variation: Dieser leckere Belag paßt auch sehr gut zu einem Blätterteig. Verwenden Sie dann 1 Päckchen TK-Teig (300 g) und formen Sie daraus eine Pizza, für die Sie dann nur etwa die Hälfte der Belagszutaten benötigen. Sie können die Pizza dann wie eine Torte aufschneiden und für 6 Personen als Vorspeise servieren.

TIP

Pizzen sind bei den meisten Kindern mindestens ebenso beliebt wie Spaghetti mit Tomatensauce. Was Kinder jedoch weniger mögen, sind Oliven. Damit die Pizza aber doch ein wenig Grün enthält, was schon aus optischen Gründen wichtig ist, kann man die fertige Pizza mit Gurkenscheiben garnieren. Besonders hübsch sieht es aus, wenn mit Garnierausstechern kleine Formen aus den Gurkenscheiben gestochen werden.

Pikantes vom Blech – Pizza und Co.

Pizza „Carciofi"

Teig:
300 g Magerquark, 1 Prise Salz, 6 Eßlöffel Milch, 12 Eßlöffel Öl, 2 Eier, 600-700 g Mehl, 1 ½ Päckchen Backpulver

Belag:
4 hartgekochte Eier, 200 g mittelalter, in Scheiben geschnittener Gouda, 1 Dose geschälte Tomaten (800 g), 8 Sardellen, 1 Dose Artischocken, Oregano, Pfeffer, Knoblauchsalz

1 Quark mit Salz, Milch und Öl glattrühren. Die Hälfte des mit Backpulver vermischten Mehles unterrühren, den Rest des Mehlgemisches unterkneten.

2 Den Teig ausrollen und vier eingefettete Pizzaformen damit auslegen.

3 Die Eier pellen und in Scheiben, den Käse in etwa 2 cm breite Streifen schneiden.

4 Die Eischeiben, die abgetropften, geschälten Tomaten, die zusammengerollten, zuvor gewässerten Sardellen und abgetropften Artischockenherzen bunt auf dem Teig anrichten.

5 Mit Oregano, Pfeffer und Knoblauchsalz bestreuen, mit Käsestreifen belegen und im vorgeheizten Backofen bei 200 Grad 30–35 Minuten backen.

nicht gefriergeeignet

Verschiedene Beläge, die besonders gut zum Quark-Öl-Teig passen:

Lauch mit durchwachsenem Speck dünsten und mit saurer Sahne oder Crème fraîche binden. Darauf in hauchdünne Scheiben geschnittene Knoblauchwurst verteilen.

Geschälte Tomaten aus der Dose durch ein Sieb streichen, mit dem Saft zusammen um etwa die Hälfte einkochen lassen. Auf den Teig streichen. Darauf 300 g in Würfel geschnittenen Schafskäse verteilen. In die Mitte jeder der vier kleinen Pizzen 1 rohes Eigelb geben und mit gehackten Pistazien umgeben. Die Pizzen mit einigen grünen Oliven garnieren.

TK-Spinat mit Speckwürfeln und fein gehackten Zwiebeln dünsten. Mit Crème fraîche verfeinern, auf den Teig streichen. Von außen nach innen zuerst mit einem Ring von sich überlappenden hartgekochten Eischeiben, dann mit einer Reihe halbierter Artischockenherzen und in der Mitte mit Nordseekrabben belegen.

Den Teig mit etwas Tomatenmark dünn bestreichen. Leicht angebratenes, mit Knoblauch und Zwiebeln vermischtes und pikant abgeschmecktes Hackfleisch darauf verteilen. Mit in Scheiben geschnittenen Champignons aus der Dose, abgetropften Sojabohnenkeimlingen aus der Dose und gerösteten Erdnußkernen belegen. Mit geriebenem Emmentaler bestreuen.

Pikantes vom Blech – Pizza und Co.

Pizza „Legumi"

Teig:
400 g Mehl, 1 Teelöffel Salz, 2 Eier, 150 g Butter oder Margarine

Belag:
2 Zucchini, 6 Tomaten, 1 Bund Schnittlauch, 200 g Allgäuer Emmentaler, Salz, Pfeffer, Oregano

1 Mehl auf eine Arbeitsfläche geben und in die Mitte eine Vertiefung drücken.

2 Salz und Eier hineingeben, Butter oder Margarine in Flöckchen an den Rand setzen und alles von außen nach innen zu einem glatten Teig verkneten.

3 Den Teig ausrollen und vier eingefettete Pizzaformen damit auslegen.

4 Zucchini, Tomaten und Schnittlauch waschen. Zucchini und Tomaten in Scheiben und Schnittlauch in Röllchen schneiden.

5 Zucchini- und Tomatenscheiben fächerartig auf dem Teig anordnen. Mit Salz, Pfeffer, Oregano und Schnittlauchröllchen bestreuen, mit dem in Streifen geschnittenen Käse belegen und im vorgeheizten Backofen bei 200 Grad ca. 30 Minuten backen.

Verschiedene Beläge, die besonders gut zu Mürbeteig passen:

Den Teig mit sich überlappenden Tomatenscheiben belegen. Darauf in Scheiben geschnittenen Mozzarellakäse geben, so daß der Boden ganz bedeckt ist. Scheiben von gekochtem Schinken in etwa 2 cm breite Streifen schneiden und gitterartig darauflegen. In die Zwischenräume einige grüne Oliven und in Stücke geschnittene Ölsardinen geben. Mit Oregano und getrocknetem Basilikum bestreuen. Über die fertige Pizza Schnittlauchröllchen streuen.

Den Teig dünn mit Tomatenmark bestreichen. Darauf mit gehackten Zwiebeln, Knoblauch und reichlich Petersilie vermischtes, angebratenes Hackfleisch geben. Auberginen quer in Scheiben schneiden und in Olivenöl leicht anbraten. Schuppenartig auf die Pizza legen. Eine dicke Béchamelsauce kochen, mit etwa 150 g geriebenem Emmentaler Käse und 2 Eigelb vermischen und darübergießen.

Von 2 großen Köpfen Endiviensalat die Außenblätter entfernen. Die Innenblätter in Streifen schneiden, in Salzwasser blanchieren und gründlich abtropfen lassen. Den Teigboden mit in Scheiben geschnittenen Champignons belegen, darauf die Endivienstreifen anrichten. Mit Muskatnuß würzen und mit hauchdünnen Scheiben Frühstücksspeck belegen.

Toasts, die heißgeliebten Leckerbissen

Schweinemedaillon

12 Scheiben Frühstücksspeck, 30 g Butter oder Margarine, 8 kleine Schweinemedaillons von je ca. 60 g, Pfeffer, Majoran, Salz, 200 g grüne Bohnen (Dose), 4 Scheiben Toast, 40 g Rindermark, frischer Majoran

1 Frühstücksspeck in der Butter oder Margarine kurz braten, herausnehmen.

2 Schweinemedaillons mit Pfeffer und Majoran würzen und im heißen Fett von beiden Seiten ca. 3 Minuten braten. Herausnehmen und salzen. Abgetropfte Bohnen im verbliebenen Bratfett schwenken.

3 Toast jeweils mit drei Scheiben Frühstücksspeck, einem Schweinemedaillon, einigen Bohnen und einem zweiten Medaillon belegen.

4 Rindermark in Scheiben schneiden, auf die Toasts verteilen. Im vorgeheizten Backofen bei 200 Grad ca. 3 Minuten überbacken. Mit Majoran garnieren.

nicht gefriergeeignet

Doppeldecker-Toast

12 Scheiben Toast, 80 g Kräuterbutter, 4 Tomaten, 6 Scheiben Edamer, 16 kleine Salamischeiben, 8 grüne gefüllte Oliven, Oregano, Knoblauchsalz, Petersiliensträußchen

1 Toastscheiben zu Kreisen ausstechen, mit Kräuterbutter bestreichen und im vorgeheizten Ofen kurz übergrillen.

2 Tomaten waschen und in Achtel, zwei Käsescheiben in Streifen schneiden.

3 Für 4 Portionen auf je einem Toastkreis jeweils vier Salamiröllchen, eine Scheibe Käse, einen Toastkreis, vier Tomatenachtel, zwei Oliven, noch einen Toastkreis, noch mal 4 Tomatenachtel und Käsestreifen übereinanderschichten. Mit Oregano und Knoblauchsalz bestreuen und im vorgeheizten Backofen bei 200 Grad ca. 3 Minuten überbacken. Mit Petersiliensträußchen garniert servieren.

nicht gefriergeeignet

Apfel-Leber-Toast

4 Scheiben Roggenbrot, 2 Eßlöffel Meerrettich, 4 kleine mürbe Äpfel, 1/10 Liter Weißwein, 1/10 Liter Wasser, 2 mittelgroße Zwiebeln, 30 g Butter oder Margarine, 4 Scheiben Kalbsleber, Pfeffer, Salz

1 Die Brotscheiben mit Meerrettich bestreichen.

2 Die geschälten, entkernten Äpfel in Spalten schneiden. Wein und Wasser zum Kochen bringen und die Apfelspalten darin in ca. 3 Minuten nicht zu weich garen, dann gut abtropfen lassen.

3 Die geschälten, in Ringe geschnittenen Zwiebeln in der heißen Butter oder Margarine glasig braten, herausnehmen und die mit Pfeffer bestreute Leber im restlichen Bratfett von jeder Seite 3–4 Minuten braten, dann salzen.

4 Die Brotscheiben mit Apfelspalten, Leberscheiben und Zwiebelringen belegen. Im vorgeheizten Backofen bei 175 Grad ca. 3 Minuten überbacken.

nicht gefriergeeignet

Gemüse-Toast

2 Zwiebeln, 1/2 rote Paprikaschote, 1 kleine Aubergine, 1 kleine Zucchini, 3 Eßlöffel Öl, 1 Knoblauchzehe, Salz, Pfeffer, 4 Baguettescheiben, 1 Scheibe Toastbrot, 4 Teelöffel Mayonnaise, 2 Teelöffel geriebener Parmesan, Paprikapulver

1 Geschälte Zwiebeln in Ringe, die geputzte Paprikaschote in Streifen, Auberginen und Zucchini in Scheiben schneiden.

2 Öl erhitzen. Geschälte, durch die Presse gedrückte Knoblauchzehe und das Gemüse zufügen. Glasig braten, salzen und pfeffern und auf die Baguettescheiben verteilen.

3 Toastbrot würfeln, in dem Öl goldbraun rösten, auf das Gemüse geben.

4 Mayonnaise, Parmesan und Paprika mischen, auf die Brote streichen und diese im vorgeheizten Backofen bei 175 Grad ca. 3 Minuten überbacken.

nicht gefriergeeignet

Toasts, die heißgeliebten Leckerbissen

Fleisch-Toast

200 g Schweinefleisch, 20 g Öl, Salz, Pfeffer, Paprikapulver, 2 Tomaten, 40 g geröstete Mandelblättchen, 2 Eßlöffel Schnittlauchröllchen, 4 Scheiben Toast, 20 g Butter oder Margarine, 60 g mittelalter Gouda

1 Schweinefleisch in Streifen schneiden, im erhitzten Öl anbraten und mit Salz, Pfeffer und Paprikapulver würzen.

2 Tomaten waschen, achteln, Fruchtfleisch herauslösen und kleinwürfeln.

3 Fleischstreifen, Tomatenwürfel, Mandelblättchen und Schnittlauchröllchen auf die mit Butter oder Margarine bestrichenen Toastscheiben verteilen.

4 Käse in Streifen schneiden und gitterförmig auf den Toasts anrichten. Im vorgeheizten Backofen bei 175 Grad ca. 5 Minuten überbacken.

nicht gefriergeeignet

Pfirsich-Schinken-Toast

4 Scheiben Toast, 20 g Butter, 4 große Scheiben roher Schinken, 4 Pfirsichhälften aus der Dose, 4 Eßlöffel Remoulade, 1 Eßlöffel Parmesan, Salz, Zitronenmelisse

1 Toastscheiben mit Hilfe eines entsprechend großen Glases zu Kreisen ausstechen und mit Butter bestreichen. Mit je einer Schinkenscheibe belegen.

2 Pfirsiche abtropfen lassen, in Spalten schneiden und auf dem Brot anrichten.

3 Remoulade und Parmesankäse verrühren, mit Salz abschmecken und über die Pfirsiche verteilen. Die Toasts im vorgeheizten Backofen bei 175 Grad ca. 3 Minuten überbacken und mit Zitronenmelisse garniert servieren.

nicht gefriergeeignet

Čevapčići-Toast

1 Zwiebel, 200 g Rinderhackfleisch, 1 Teelöffel Senf, 1 Teelöffel Tomaten-Ketchup, 1 Ei, 60 g Semmelbrösel, 1 Eßlöffel gehackte, gemischte Kräuter, Salz, Pfeffer, Paprikapulver, Basilikum, 60 g Butter oder

Margarine, 4 Scheiben Roggenbrot, 2 Eßlöffel Kräuterbutter, 4 Eier, Petersiliensträußchen

1 Geschälte, fein gehackte Zwiebel mit Hackfleisch, Senf, Ketchup, Ei, Semmelbröseln und Kräutern vermischen. Mit Salz, Pfeffer, Paprika und Basilikum abschmecken.

2 Teig zu 12 Röllchen formen und in einem Teil der heißen Butter oder Margarine knusprig braun braten.

3 Roggenbrot kurz toasten, mit Kräuterbutter bestreichen und mit den Čevapčići belegen. Dann im vorgeheizten Backofen bei 175 Grad ca. 5 Minuten überbacken.

4 In dem restlichen Bratfett 4 Spiegeleier braten, auf die Brotscheiben verteilen und diese mit Petersiliensträußchen garniert servieren.

nicht gefriergeeignet

Meeresfrüchte-Toast

1 kleine Knoblauchzehe, 3 Eßlöffel Butter, Salz, Pfeffer, 2 Toastscheiben, ¼ Teelöffel Curry, ¼ Teelöffel Paprikapulver, 1 Dose Muscheln natur, 80 g Krabben oder Shrimps, 150 g Tintenfischringe, ½ Päckchen helle Grundsauce, 3 Eßlöffel gehackte, gemischte Kräuter, 4 kleine Dillsträußchen

1 Geschälte, sehr fein gehackte Knoblauchzehe mit etwas Butter verrühren, mit Salz und Pfeffer abschmecken. Toastscheiben diagonal durchschneiden, dünn mit der Butter bestreichen.

2 Restliche Butter mit Curry und Paprikapulver erhitzen, die Meeresfrüchte kurz darin dünsten, dann auf die Toastscheiben schichten.

3 Helle Sauce nach Packungsvorschrift zubereiten, mit Kräutern mischen und über die Toastscheiben verteilen. Toasts im vorgeheizten Backofen bei 175 Grad ca. 5 Minuten überbacken. Mit Dillsträußchen verzieren.

nicht gefriergeeignet

Toasts, die heißgeliebten Leckerbissen

Toast-Windmühle

10 Scheiben Toast,
200 g geriebener mittelalter Gouda,
Salz, Pfeffer

Für die Flügel:

1) *1 kleine Tomate, 1 kleine Zwiebel, Basilikum*

2) *1 Scheibe roher Schinken, 20 g Krabben oder Shrimps, 10 g Schmelzkäse, Salz, Pfeffer, Paprikapulver*

3) *6 Cornichons, 1 Eßlöffel Maiskörner, Currypulver, 1 Teelöffel Kräuterbutter*

4) *3 Salamischeiben, 5 mit Paprika gefüllte Oliven, 1 Eßlöffel geriebener Käse*

5) *1 Scheibe gekochter Schinken, einige Weinbeeren, 20 g Käse, Paprikapulver*

Außerdem:

¼ rote Paprikaschote, 2 Salamischeiben, 1 Scheiblette

1 Vier Toastscheiben auf einem Blech zu einem Quadrat zusammenlegen.

2 1 Scheibe diagonal durchschneiden und aus einer weiteren einen Kreis von ca. 3 cm Durchmesser ausstechen.

3 Die zwei Dreiecke als Dach über das Toastquadrat legen, so daß ein Haus entsteht. Auf die Spitze den Kreis setzen.

4 Aus einer Toastscheibe kleine Latten schneiden und diese zu einem Zaun zusammensetzen.

5 Alle Teile mit geriebenem Käse bestreuen und im vorgeheizten Backofen bei 200 Grad ca. 3 Minuten überbacken.

6 Die restlichen Toastscheiben kurz rösten, ebenfalls diagonal durchschneiden, als Flügel an das Haus setzen und jeden einzelnen Flügel belegen (siehe Foto):

7 Tomate waschen und in Achtel schneiden. Zwiebel abziehen und in Ringe schneiden, beides auf dem Toastflügel anordnen und mit Salz, Pfeffer und Basilikum bestreuen.

8 Schinken und Krabben auf einen anderen Toastflügel legen. Schmelzkäse in Scheiben darübergeben, mit Paprika, Salz und Pfeffer bestreuen.

9 Cornichons und abgetropfte Maiskörner auf dem dritten Toastflügel anrichten, mit Gewürzen bestreuen und mit Kräuterbutterflöckchen belegen.

10 Salami in Streifen schneiden und diese jeweils aufrollen. In jedes Röllchen eine Olive setzen und beides auf dem vierten Toastflügel geben. Mit geriebenem Käse bestreuen.

11 Schinken und Käse in Streifen schneiden. Weinbeeren waschen, halbieren und mit Schinken- und Käsestreifen auf dem fünften Toastflügel anrichten. Mit etwas Paprikapulver bestäuben.

12 Aus Streifen von roter Paprika, Salamischeiben und Käse eine Tür für die Mühle formen. Die Mühle nochmals im vorgeheizten Backofen bei 175 Grad ca. 3 Minuten überbacken.

nicht gefriergeeignet

Toast-Boot

6 Scheiben Toast,
2 Ecken Schmelzkäse (125 g),
4 Pfirsichhälften aus der Dose,
12 Mandarinen aus der Dose,
2 Ananasscheiben aus der Dose,
150 g mittelalter geriebener Gouda

1 4 Scheiben Toast auf einem Backblech nebeneinanderlegen.

2 Die restlichen Toastscheiben diagonal durchschneiden.

3 Je zwei entstandene Toastdreiecke so anbringen, daß ein Bootsrumpf entsteht.

4 Aus den restlichen Dreiecken oben einen Mast legen.

5 Das Toastboot mit Schmelzkäse bestreichen und mit den abgetropften, kleingeschnittenen Früchten belegen.

6 Mit geriebenem Käse bestreuen und im vorgeheizten Backofen bei 200 Grad ca. 10 Minuten überbacken.

nicht gefriergeeignet

> **TIP**
> Toasts immer sofort heiß servieren! Längeres Stehen läßt die Zutaten schnell unansehnlich werden und ist dem Geschmack nicht zuträglich. Toasts deshalb immer gleich nach dem Garnieren zu Tisch bringen.

Toasts, die heißgeliebten Leckerbissen

Toast „Husum"

4 Scheiben Weißbrot,
4 Salatblätter,
100 g Ragout fin aus der Dose,
100 g frische Krabben oder Shrimps,
4 Tomaten, Salz, Pfeffer,
4 Scheiben Tilsiter,
1 Eßlöffel fein gehackte Petersilie

1 Die Brotscheiben leicht toasten und anschließend jeweils mit einem gewaschenen Salatblatt belegen.

2 Ragout fin erwärmen und mit den Krabben vermischt auf die Brotscheiben verteilen.

3 Tomaten waschen, in Scheiben schneiden und schuppenartig darauflegen. Mit Salz und Pfeffer bestreuen.

4 Käse in Dreiecke schneiden und die Toasts damit abdecken. Im vorgeheizten Backofen bei 200 Grad ca. 5 Minuten überbacken. Nach Belieben mit Petersilie verziert servieren.

nicht gefriergeeignet

Bauern-Toast

4 Scheiben Roggenmischbrot,
3-4 Eßlöffel Butter oder Margarine,
2 Knoblauchzehen, 4-6 Tomaten,
Salz, Pfeffer, 8 Scheiben Fleischwurst,
8 Scheiben Kümmelkäse, 4 Zweige Petersilie

1 Die Brotscheiben auf einer Seite in der heißen Butter oder Margarine goldbraun braten.

2 Knoblauchzehen abziehen, zu Mus zerdrücken und die geröstete Brotseite damit einreiben.

3 Tomaten waschen, in Scheiben schneiden und schuppenartig auf der mit Knoblauch eingeriebenen Seite anrichten.

4 Wurst- und Käsescheiben daraufschichten und die Toasts im vorgeheizten Backofen bei 200 Grad ca. 10 Minuten überbacken, bis der Käse zu verlaufen beginnt. Mit Petersilie verziert servieren.

nicht gefriergeeignet

TIP

Wenn Ihr Backofen mit einer Grillvorrichtung ausgestattet ist, sollten Sie die Brotscheiben unter dem Grill rösten. Dann sind alle gleichzeitig fertig und ganz gleichmäßig gebräunt. Sie brauchen den Grill nicht einmal vorzuheizen. Wenn die Kontrolleuchte an Ihrem Backofen ausgeht, lassen Sie das Brot noch 2 Minuten grillen, dann umdrehen und auch die zweite Seite 2 Minuten rösten.

Toast mit Kiwi

4 Scheiben Weizenmischbrot,
2 Eßlöffel Senf (extrascharf),
8 Scheiben geräucherte Putenbrust,
3-4 Kiwis,
4 Scheiben mittelalter Gouda

1 Das Brot im Toaster schwach rösten. Jeweils eine Seite mit Senf bestreichen und mit Putenbrustscheiben belegen.

2 Kiwis schälen, in gleichmäßige Scheiben schneiden und dachziegelartig auf den Brotscheiben anrichten.

3 Käse in Streifen schneiden und die Brote damit belegen. Im vorgeheizten Backofen bei 200 Grad ca. 10 Minuten überbacken, bis der Käse zu verlaufen beginnt.

nicht gefriergeeignet

Sauerkraut-Ananas-Toast

2 Zwiebeln,
2 Eßlöffel Schmalz,
200 g Weinsauerkraut (Dose),
4 Scheiben Ananas,
ca. 1/8 Liter Ananassaft,
Pfeffer,
1 Prise Kümmel,
100 g blaue Weintrauben,
4 Scheiben Weißbrot,
4 Scheiben gekochter Schinken,
4 Scheiben mittelalter Gouda

1 Zwiebeln abziehen, feinhacken und im heißen Schmalz glasig dünsten.

2 Sauerkraut zerrupfen, zu den Zwiebelstückchen geben und die in Stücke geschnittenen Ananasscheiben daraufgeben. Alles kurz durchschmoren lassen.

3 Mit etwas Ananassaft auffüllen, Gewürze zufügen und alles im geschlossenen Topf ca. 10 Minuten garziehen lassen.

4 Weintrauben waschen, Beeren abzupfen, halbieren, entkernen und unter das erkaltete Kraut mischen.

5 Die Brotscheiben toasten, jeweils mit einer Schinkenscheibe belegen und das Sauerkraut daraufschichten.

6 Den Käse in Streifen schneiden und gitterartig auf die Toasts legen. Die Toaste im vorgeheizten Backofen bei 200 Grad ca. 10 Minuten überbacken, bis der Käse zerlaufen ist.

nicht gefriergeeignet

Toasts, die heißgeliebten Leckerbissen

Hackfleisch-Früchte-Toast

4 Scheiben Toastbrot, 1 kleine Zwiebel, 300 g Rinderhackfleisch, 1 Ei, 30 g Butter oder Margarine, 2 Pfirsichhälften aus der Dose, 2 Scheiben Ananas aus der Dose, 2 Eßlöffel kernlose Rosinen, Salz, Pfeffer, Curry, 100 g geriebener Emmentaler

1 Toastbrot rösten. Zwiebel schälen und feinhacken. Mit Rindfleisch und Ei vermengen.

2 Mischung im heißen Fett anbraten. Mit abgetropften, gewürfelten Pfirsichhälften, Ananasscheiben und den Rosinen vermischen. Mit Salz, Pfeffer und Curry pikant würzen.

3 Auf die Toastscheiben geben, mit Käse bestreuen und im vorgeheizten Backofen bei 240 Grad überbacken bis der Käse zerlaufen ist.

nicht gefriergeeignet

Hackfleischtoast

4 Scheiben Toast, 40 g Butter oder Margarine, 1 Zwiebel, 1 Teelöffel grüne Pfefferkörner, 300 g Rinderhackfleisch, Salz, Pfeffer, Paprikapulver, 150 g mittelalter Gouda

1 Die Toastscheiben jeweils mit Butter oder Margarine bestreichen.

2 Zwiebel abziehen, feinhacken und mit den grünen Pfefferkörnern zum Hackfleisch geben. Alles gut miteinander vermischen. Mit Salz, Pfeffer und Paprikapulver abschmecken.

3 Den Käse in Würfel schneiden und ebenfalls unter die Hackmasse mischen.

4 Hack auf die Toastscheiben verteilen und im vorgeheizten Backofen bei 175 Grad ca. 15 Minuten backen.

nicht gefriergeeignet

Bananen-Käse-Toast

4 Scheiben Toastbrot, 40 g Butter oder Margarine, 200 g gemischtes Hackfleisch, 4 Eßlöffel Tomatenmark, Salz, Pfeffer, Currypulver, 1 große oder 2 kleine Bananen, 4 Scheiben Goudakäse

1 Die Toastscheiben von beiden Seiten im Toaster oder unter dem Grill schwach rösten.

2 Eine Seite der Toastscheiben mit Butter oder Margarine bestreichen und die Scheiben auf vier feuerfeste Teller oder ein Backblech legen.

3 Hackfleisch in einer Pfanne anbraten, dabei mit Tomatenmark vermischen. Mit Salz, Pfeffer, Curry abschmecken.

4 Das Hackfleisch auf die Toastscheiben verteilen und mit Bananenscheiben belegen.

5 Alles mit Käsescheiben abdecken und unter dem Grill oder im heißen Backofen solange überbacken, bis der Käse geschmolzen ist.

nicht gefriergeeignet

Elsässer Krauttoast

4 Scheiben dunkles Kastenbrot, 60 g Butter oder Margarine, 1 kleine Dose tafelfertiges Sauerkraut (400 g), 250 g gewürztes Schweinemett, 4 Scheiben Ananas aus der Dose, 4 Scheiben Schnittkäse (Gouda oder Emmentaler), etwas Paprikapulver

1 Das Brot in geschmolzener Butter oder Margarine leicht von beiden Seiten in einer Pfanne rösten und zur Seite legen.

2 In der gleichen Pfanne im verbliebenen Bratfett das Sauerkraut aus der Dose erhitzen.

3 Die Brotscheiben mit dem Schweinemett bestreichen.

> **TIP**
>
> Je größer der Fettanteil im Hackfleisch ist, um so saftiger und lockerer wird der Hackfleischteig. So sind z. B. Frikadellen aus Schweinehackfleisch lockerer als aus reinem Rinderhack.
>
> Fleischteige immer gut mischen. Am besten nehmen Sie dafür das elektrische Handrührgerät mit den Knethaken oder für kleine Portionen eine stabile Gabel.

4 Darauf die Ananasscheiben legen und darüber das Sauerkraut verteilen.

5 Die Toastscheiben mit dem Käse abdecken und im Backofen bei 200 Grad oder unter dem Grill solange überbacken, bis der Käse gut geschmolzen ist. Mit Paprikapulver dünn bestreuen.

nicht gefriergeeignet

Herzhaftes Hackbrot mit Spiegelei

250 g gemischtes Hackfleisch, 2 Gewürzgurken, 1 Ei, 1 Teelöffel Kapern, 1 Teelöffel grüne Pfefferkörner, 1 Teelöffel Senf, 1 Teelöffel Meerrettich, Salz, Pfeffer, 4 Scheiben kräftiges Vollkornbrot, 2 Eßlöffel Öl, Butter oder Margarine zum Backen, 4 Eier

1 Hackfleisch mit feingehackter Gewürzgurke, Ei, Kapern, Pfefferkörnern, Senf und Meerrettich vermischen und pikant mit Salz und Pfeffer abschmecken.

2 Diese Masse auf die vier Brotscheiben verteilen und das Fleisch dünn mit Öl bestreichen.

3 Die Brotscheiben im vorgeheizten Backofen bei 250 Grad 15 Minuten braten.

4 In der Zwischenzeit in einer Pfanne Butter oder Margarine erhitzen und die Eier als Spiegeleier braten.

5 Die gebackenen Hackschnitten mit den Eiern belegen und heiß servieren.

*** *ohne Spiegeleier*

Herzhafte Kuchen, Pasteten und Pies

Kalbfleisch-Schinken-Pie

Teig:
250 g Mehl, 250 g Quark,
125 g Butter oder Margarine

Füllung:
500 g Kalbfleisch, 200 g gekochter Schinken,
3 hartgekochte Eier, Salz, Pfeffer,
1½ Teelöffel abgeriebene Zitronenschale

Zum Bestreichen:
1 Eigelb, 3 Eier, 1/10 Liter Weißwein,
1 Becher saure Sahne (200 g),
2 kleine Petersiliensträußchen

1 Mehl auf eine Arbeitsfläche geben und in die Mitte eine Vertiefung drücken.

2 Quark hineingeben, Butter oder Margarine in Flöckchen an den Rand setzen und alles von außen nach innen zu einem glatten Teig verkneten. In Frischhaltefolie verpackt ca. 30 Minuten in den Kühlschrank stellen.

3 Den Teig ca. 1 cm dick ausrollen, halbieren und eine feuerfeste, gefettete Form mit einer Teighälfte auslegen.

4 Kalbfleisch und Schinken in kleine Würfel, die hartgekochten, gepellten Eier in Scheiben schneiden.

5 Kalbfleisch- und Schinkenwürfel mit den Eischeiben lagenweise in die vorbereitete Form schichten. Mit Salz, Pfeffer und der abgeriebenen Zitronenschale bestreuen.

6 2/3 des Teigrestes in Formgröße ausschneiden und als Deckel auf die Füllung legen.

7 In den Teigdeckel zwei Löcher schneiden, damit der Dampf beim Garen entweichen kann.

8 Teigdeckel mit verquirltem Eigelb bestreichen. Aus dem restlichen Teig Verzierungen ausstechen und den Teig damit belegen. Ebenfalls mit verquirltem Eigelb bestreichen. Die Pie im vorgeheizten Backofen bei 200 Grad ca. 30 Minuten backen.

9 Temperatur auf 180 Grad reduzieren und die Pie weitere 60 Minuten garen.

10 Eier, Wein und saure Sahne verquirlen, mit Salz und Pfeffer abschmecken und ca. 30 Minuten vor Ende der Garzeit durch die Löcher in die Kalbfleisch-Schinken-Pie gießen und stocken lassen. Die Pie mit Petersilie garniert sehr heiß servieren.

nicht gefriergeeignet

Champignonkuchen

300 g Mehl, 100 g geriebener mittelalter Gouda, 250 g Butter oder Margarine, 1 Ei, Salz, Paprikapulver, 1 große Dose Champignons, 200 g Gouda, 5 Eier, 1 Becher Crème fraîche, Pfeffer

1 Mehl auf eine Arbeitsfläche geben und in die Mitte eine Vertiefung drücken.

2 Geriebenen Gouda, das Ei, ¼ Teelöffel Salz und ¼ Teelöffel Paprikapulver hineingeben. Butter oder Margarine in Flöckchen an den Rand setzen und alles von außen nach innen zu einem glatten Teig verkneten. In Frischhaltefolie verpackt ca. 30 Minuten in den Kühlschrank stellen.

3 Den Teig auf einer bemehlten Arbeitsfläche ca. 2 cm dick zu einem Oval ausrollen und eine eingefettete längliche, feuerfeste Form damit auslegen.

4 Champignons auf einem Sieb abtropfen lassen und halbieren. Käse nicht zu fein raspeln.

5 Die Eier in einer Schüssel aufschlagen und mit Crème fraîche verrühren, mit Pfeffer, Paprikapulver und Salz abschmecken.

6 Die Eiermischung mit den halbierten Champignons und dem geraspelten Goudakäse auf den Teig verteilen und den Kuchen im vorgeheizten Backofen bei 200 Grad ca. 30 Minuten backen. Sofort heiß servieren.

nicht gefriergeeignet

Zwiebel-Quiche

200 g geräucherter, durchwachsener Speck,
5 mittelgroße Zwiebeln,
20 g Butter oder Margarine,
200 g tiefgekühlter Blätterteig,
200 g geriebener Emmentaler Käse,
4 Eier,
⅛ Liter Sahne,
Salz, Muskatnuß

1 Geräucherten Speck in Streifen, die abgezogenen Zwiebeln in Ringe schneiden.

2 Butter oder Margarine erhitzen, Speckstreifen und Zwiebelringe darin kurz dünsten. Anschließend erkalten lassen.

3 Den tiefgekühlten Blätterteig nach Packungsvorschrift auftauen lassen, ausrollen und eine runde, feuerfeste Form (ca. 28 cm Durchmesser) damit auslegen.

4 Die Speck-Zwiebel-Mischung und den geriebenen Käse darauf verteilen.

5 Eier und Sahne verquirlen, mit Salz und Muskatnuß würzen und darübergießen. Im vorgeheizten Backofen bei 220 Grad ca. 25–30 Minuten backen, bis die Masse gestockt ist.

nicht gefriergeeignet

Roquefortkuchen

300 g tiefgekühlter Blätterteig,
2 Eßlöffel Quark,
2 Eßlöffel Crème fraîche,
150 g Roquefort, 2 Eier, 1 Eiweiß,
Salz, Pfeffer

Zum Bestreichen:
1 Eigelb, 1 Teelöffel Wasser

1 Blätterteig nach Vorschrift auftauen lassen und in 2 ungleiche Teile teilen.

2 Den größeren Teil ca. 2 mm dick ausrollen und auf ein gefettetes Backblech legen.

3 Quark mit Crème fraîche, Roquefort, Eiern und Eiweiß vermischen, mit Salz und Pfeffer abschmecken und gleichmäßig auf dem Teig verteilen.

4 Restlichen Teig ausrollen und als Deckel auf die Füllung legen. Den Rand mit den Fingern fest auf den unteren Teig drücken.

5 Eigelb mit Wasser verquirlen und die Teigoberfläche damit bestreichen. Im vorgeheizten Backofen bei 180 Grad ca. 30 Minuten backen. Noch heiß in Stücke schneiden und servieren.

nicht gefriergeeignet

Herzhafte Kuchen, Pasteten und Pies

Muschel „frutti di mare"

Teig:
250 g Mehl, 250 g Quark,
125 g Butter oder Margarine,
1 mittelgroßer Weißkohlkopf

Füllung:
1 grüne Paprikaschote,
1 rote Paprikaschote, 2 Zwiebeln,
40 g Butter oder Margarine,
250 g Muscheln nature aus der Dose,
250 g Krabben oder Shrimps
1/10 Liter trockener Weißwein,
Salz, grober schwarzer Pfeffer,
100 g geriebener Emmentaler Käse

1 Mehl auf eine Arbeitsfläche geben und in die Mitte eine Vertiefung drücken.

Quark hineingeben, Butter oder Margarine in Flöckchen an den Rand setzen und alles von außen nach innen zu einem glatten Teig verkneten. In Frischhaltefolie verpackt ca. 30 Minuten in den Kühlschrank stellen.

2 Teig ca. 1 ½ cm dick ausrollen, in 2 Hälften teilen und jede Hälfte über die runde Seite des halbierten Kohlkopfes legen. Den überstehenden Teigrand abschneiden.

3 Mit Hilfe eines Teigrädchens Rillen im Teigrand anbringen. Aus dem Teigrest einen kleinen Ring formen, um anschließend der fertigen Muschel einen festen Stand zu geben.

4 Den Teigring und die mit Teig belegten Kohlkopfhälften auf einem Blech im vorgeheizten Backofen bei 200 Grad 20–25 Minuten backen.

> **TIP**
>
> Selbst wenn der Weißkohl 20 bis 25 Minuten im Backofen war, können Sie ihn hinterher noch für ein Gericht verwenden. Am besten schneiden Sie ihn in schmale Streifen und schmoren ihn zusammen mit zwei gehackten Zwiebeln in etwas Butterschmalz an. Dann mit reichlich Paprika, Salz und Pfeffer würzen und mit wenig Wasser und etwas Sahne schmoren. Dann in eine feuerfeste Form füllen, mit einer Käse-Sahne-Mischung bestreichen und im vorgeheizten Backofen überbacken.

5 Die abgebackenen Teigdeckel vorsichtig von den Kohlhälften abnehmen und auskühlen lassen.

6 Die Paprikaschoten putzen, waschen, halbieren, von den Samensträngen befreien und in Streifen, die geschälten Zwiebeln in grobe Stücke schneiden.

7 Butter oder Margarine erhitzen, Paprikastreifen und Zwiebelstücke darin dünsten. Die abgetropften Muscheln, Krabben oder Shrimps zugeben, den Wein angießen und alles mit Salz und Pfeffer abschmecken. Bei geringer Hitze 10–15 Minuten garen. Dann abgießen und nach Bedarf nachwürzen.

8 Eine der gebackenen Muschelhälften auf den abgebackenen Teigring stellen und die Füllung hineingeben. Mit geriebenem Käse bestreuen und im vorgeheizten Backofen bei 180 Grad ca. 3 Minuten überbacken. Die zweite Muschelhälfte daraufsetzen und das Ganze heiß servieren.

nicht gefriergeeignet

Den ausgerollten Teig in zwei Hälften teilen und jede über einen halbierten Kohlkopf legen.

Die Teigdeckel mit dem Kuchenrad verzieren. Nach dem Abbacken vorsichtig vom Kohl abheben. Darauf achten, daß der Teig nicht bricht.

Herzhafte Kuchen, Pasteten und Pies

Quiche Lorraine

Teig:

125 g Mehl,

1 Ei, 1 Prise Salz,

¼ Teelöffel Backpulver,

75 g Butter oder Margarine

Belag:

250 g durchwachsener Speck,

1 Bund Petersilie,

150 g Gouda,

2 Becher Crème fraîche (400 g),

4 Eier,

Salz, Pfeffer, geriebene Muskatnuß

1 Mehl auf eine Tischplatte geben und in die Mitte eine Vertiefung drücken. Ei, Salz und Backpulver hineingeben. Butter oder Margarine in Flöckchen an den Rand setzen und alles von außen nach innen zu einem glatten Teig verkneten. Den Teig in Alufolie wickeln und 30 Minuten in den Kühlschrank legen.

2 Den Teig ausrollen und eine gefettete Springform (24 cm Durchmesser) damit auslegen und im vorgeheizten Backofen bei 200 Grad ca. 15 Minuten vorbacken.

3 Den durchwachsenen Speck in kleine Würfel schneiden.

4 Petersilie waschen und feinhacken. Den Goudakäse reiben.

5 Crème fraîche mit Eiern, Speckstückchen, gehackter Petersilie und Käse verrühren. Mit Salz, Pfeffer und Muskatnuß abschmecken. In die Form gießen und die Quiche im vorgeheizten Backofen bei 175 Grad ca. 40 Minuten backen.

Gemüsetorte

Teig:

250 g Mehl, 125 g Butter oder Margarine,
1 Ei, 1 Teelöffel Paprikapulver,
½ Teelöffel Salz, Semmelbrösel

Füllung:

150 g tiefgekühlte Erbsen,
200 g gekochter Schinken,
150 g Maiskörner aus der Dose,
100 g Pfifferlinge aus der Dose

Eiersahne:

125 g Emmentaler Käse, 3 Eier,
½ Becher Sahne (100 g), Pfeffer, Salz

Zum Verzieren:

Pfifferlinge

1 Mehl auf eine Arbeitsfläche geben und in die Mitte eine Vertiefung drücken. Ei, Paprikapulver und Salz hineingeben. Butter oder Margarine in Flöckchen an den Rand setzen und alles von außen nach innen zu einem glatten Teig verkneten. Mit Folie bedeckt 30 Minuten in den Kühlschrank stellen.

2 Teig ausrollen und eine gefettete und mit Semmelbröseln ausgestreute Springform damit auslegen.

3 Erbsen in wenig Salzwasser garen. Schinken in Würfel schneiden. Erbsen, Mais und Pfifferlinge abtropfen lassen, mit dem Schinken vermischen und auf dem Teig verteilen.

4 Den Käse reiben. Mit Eiern und Sahne verquirlen. Eiersahne mit Pfeffer und Salz abschmecken, über das Gemüse gießen, mit Pfifferlingen verzieren. Die Torte im vorgeheizten Backofen bei 175 Grad ca. 45 Minuten backen.

Herzhafte Kuchen, Pasteten und Pies

Fleischpastete

Füllung:

300 g durchwachsener Speck, 750 g Rindfleisch, 1 Zwiebel, 3 Lorbeerblätter, 6 Nelken, 8 Wacholderbeeren, 1 Teelöffel Koriander, ¾ Liter Weißwein, ⅛ Liter milder Weinessig

Teig:

500 g Mehl, 1 Würfel frische Hefe (42 g), 1 Teelöffel Salz, 80 g Butter oder Margarine, 1 Ei, ⅛ – ¼ Liter lauwarme Milch

Außerdem:

3 Eßlöffel Semmelbrösel, 250 g Bratwurstmasse, 1 Ei, 1 Eiweiß, 1 Becher saure Sahne (200 g), 2 Eßlöffel gehackte, gemischte Kräuter, Salz, Pfeffer, Paprikapulver

Zum Bestreichen:

1 Eigelb

1 Speck und Fleisch in ca. 2 cm große Würfel schneiden. Zwiebel abziehen, feinhacken und mit Lorbeerblättern, Nelken, zerdrückten Wacholderbeeren und Koriander mischen. Wein und Essig darübergießen, 24 Stunden ziehen lassen.

2 Mehl in eine Schüssel geben und in die Mitte eine Vertiefung drücken. Hefe hineinbröckeln und mit etwas lauwarmer Milch verrühren. Zugedeckt an einem warmen Ort ca. 15 Minuten gehen lassen. Salz an den Rand streuen. Restliche lauwarme Milch mit der darin aufgelösten Butter oder Margarine und dem verschlagenen Ei angießen und alles zu einem Teig verkneten. Zugedeckt ca. 30 Minuten gehen lassen.

3 Mit ⅔ des ausgerollten Teiges Rand und Boden einer mit Backpapier ausgelegten Springform (26 cm Durchmesser) auskleiden.

4 Fleisch trockentupfen und mit Semmelbrösel, Bratwurstmasse, Ei,

Eiweiß, saurer Sahne und Kräutern vermischen. Mit Salz, Pfeffer und Paprika abschmecken, auf dem Teig verteilen.

5 Restlichen Teig ausrollen, darüberlegen, Ränder gut andrücken.

6 Verzierungen aus Teigresten mit Wasser bestrichen auf die Pastete setzen. Pastetenoberfläche mit Eigelb bestreichen. Im vorgeheizten Backofen bei 175 Grad ca. 90 Minuten backen. Warm servieren.

nicht gefriergeeignet

Gemüsekuchen

Je 250 g Schwarzwurzeln, Möhren und Steckrüben, ⅛ Liter Instant-Brühe, Salz, Pfeffer, 1 Packung Kartoffelpüree (180 g), 300 g gekochtes Kasseler ohne Knochen, Muskat, Semmelbrösel, 3 Eßlöffel gehackte Petersilie, 2 Eier, 2 Eßlöffel Crème fraîche

1 Gemüse putzen, Schwarzwurzeln in Stücke, Möhren in Scheiben und Steckrüben in Würfel schneiden.

2 Brühe zum Kochen bringen und das vorbereitete Gemüse ca. 10 Minuten darin dünsten. Dann abtropfen lassen und mit Pfeffer würzen.

3 Kartoffelpüree zubereiten, mit Muskat und Salz abschmecken.

4 Kasseler würfeln. Kartoffelpüree, Kasselerwürfel und Gemüse in eine gefettete, mit Semmelbröseln ausgestreute Springform schichten. Mit Petersilie bestreuen.

5 Eier mit Crème fraîche verrühren, salzen und darübergießen. Im vorgeheizten Backofen bei 175 Grad 30–40 Minuten backen und heiß servieren.

nicht gefriergeeignet

Kuchen, Pasteten und Pies

Fischpastete

Teig:
500 g Mehl, 200 g Schweineschmalz,
1 Teelöffel Salz, 10-20 ml Eiswasser

Füllung:
400 g küchenfertiges Schellfischfilet,
Salz, Zitronensaft, 1 Bund Schnittlauch,
2 Eier, 4 Eßlöffel Semmelbrösel,
weißer Pfeffer, 6 frische Jakobsmuscheln,
200 g Blattspinat

Zum Bestreichen:
1 Eigelb

1 Für den Teig Mehl auf eine Arbeitsfläche geben, in die Mitte eine Vertiefung drücken. Salz und etwas Wasser hineingeben. Schmalz in Flocken auf den Rand setzen.

2 Alles von außen nach innen zu einem Teig kneten, dabei eventuell noch etwas mehr Wasser zufügen. Teig in Folie gewickelt 30 Minuten kühlstellen.

3 Fischfilet säubern, salzen und mit Zitronensaft säuern. 10 Minuten ziehen lassen, in Bratfolie geben, die Folie schließen und den Fisch im vorgeheizten Backofen bei 180 Grad ca. 15 Minuten garen.

4 Den Fisch im Mixer pürieren, durch ein Sieb streichen, mit in Röllchen geschnittenem Schnittlauch, Eiern und Semmelbrösel vermischen, mit Salz und Pfeffer abschmecken.

5 Teig etwa 5 mm dick ausrollen. Eine Lage Fischfarce daraufgeben. Mit 3 in Scheiben geschnittenen Jakobsmuscheln und einem Teil des zuvor verlesenen, gewaschenen und abgetropften Spinats belegen. Darauf die restliche Fischfarce geben, die übrigen, in Scheiben geschnittenen Muscheln und den Spinat.

6 Die Farce mit Teig abdecken. Zu einem Fisch formen. Aus Teigresten Schuppen ausstechen und eine Schwanzflosse formen. Mit etwas verquirltem Eigelb bestreichen und auf den Fisch kleben.

7 Fisch mit dem restlichen Eigelb bestreichen, auf ein mit Back-Papier belegtes Blech legen und im vorgeheizten Backofen bei 180 Grad 50 bis 60 Minuten backen.

Der Fisch schmeckt warm oder kalt. Nach Belieben kann der Fisch mit in Würfel geschnittenem Madeiragelee garniert werden.

✱✱✱

> **TIP**
>
> Für Madeiragelee ¼ Liter kräftige Fleischbrühe mit ⅛ Liter Madeirawein vermischen, erwärmen und 5 zuvor eingeweichte, dann ausgedrückte Blätter Gelatine darin auflösen. Auf einer flachen Platte erstarren lassen.

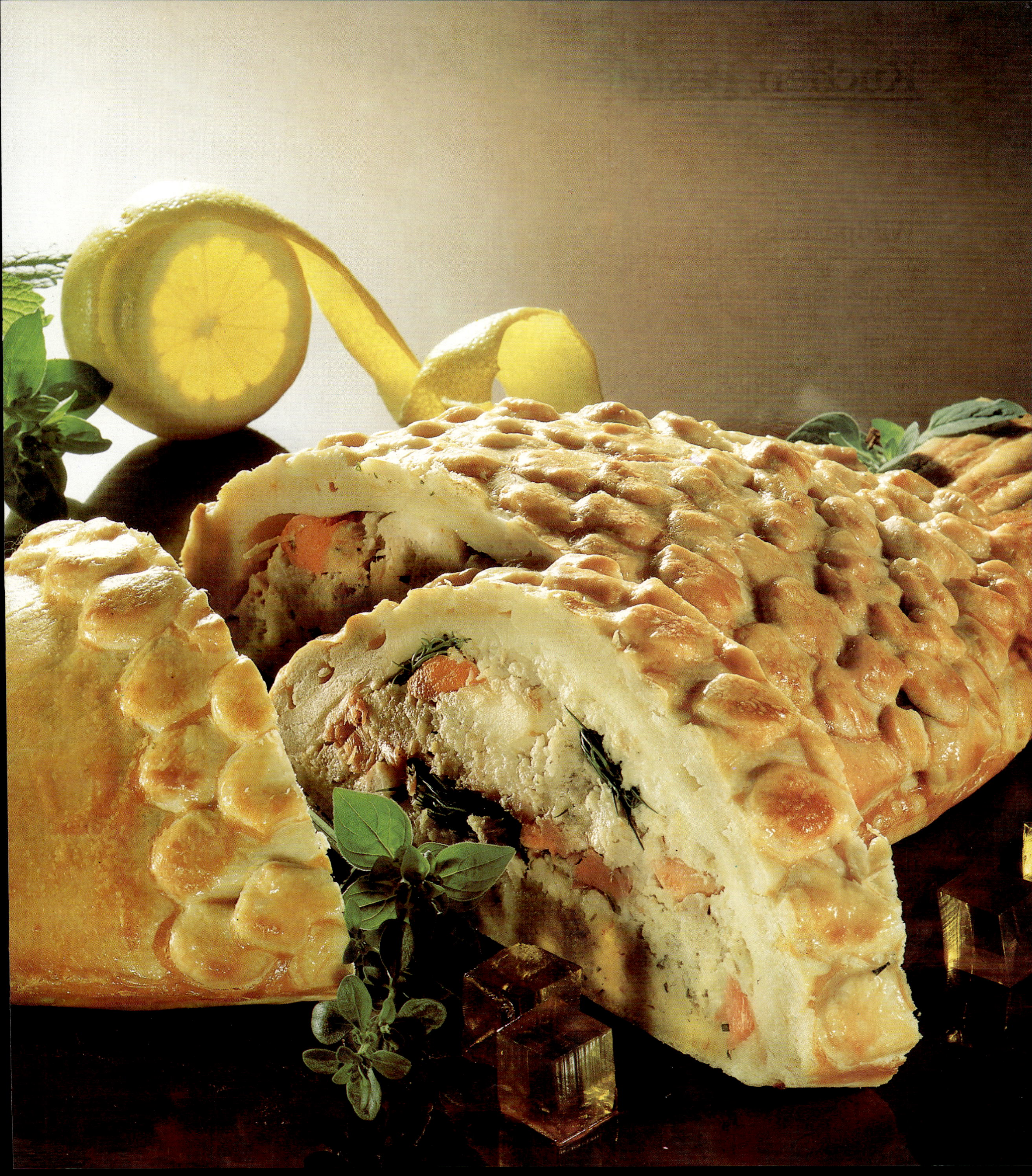

Kuchen, Pasteten und Pies

Wildpastete

Pastetenteig:
500 g Mehl, 200 g Schweineschmalz,
1 Teelöffel Salz, 100 bis 150 ml Wasser

Füllung:
1 altbackenes Brötchen,
600 g beliebiges, fettfreies Wildfleisch,
4 Schalotten, 2 Eier, Salz,
grob geschroteter weißer Pfeffer,
gerebelter Thymian, getrockneter Majoran,
1 Glas (2 dl) Cognac oder Weinbrand,
2 Eßlöffel trockener Sherry (Fino),
1 rote Paprikaschote, 5 hartgekochte Eier,
1 Eigelb, 1 Eßlöffel Sahne

1 Für den Pastetenteig das Mehl auf eine Arbeitsfläche geben und in die Mitte eine Vertiefung drücken. Das Schmalz in Stücken hineinschneiden, mit Salz bestreuen und 100 ml Wasser angießen. Alles zu einem geschmeidigen Teig verkneten, wenn nötig noch etwas Wasser zufügen. Den Teig 30 Minuten kühl stellen.

2 Für die Füllung das Brötchen einweichen. Wildfleisch zusammen mit den geschälten Schalotten zweimal durch den Fleischwolf drehen. Mit den Eiern mischen. Mit Salz, Pfeffer, Thymian, Majoran, Cognac und Sherry pikant abschmecken.

3 Paprikaschote waschen, abtrocknen, halbieren, von den Samensträngen befreien und in dünne Streifen schneiden. Unter den Fleischteig mengen.

4 Den Pastetenteig auf einer bemehlten Arbeitsfläche etwa 5 mm dick ausrollen, aus etwa ⅓ des Teigs ein Rechteck ausschneiden und mit gut der Hälfte des Fleischteigs belegen. Darauf die geschälten Eier drücken und mit der restlichen Farce bedecken.

5 Aus dem übrigen Teig einen Pastetendeckel zuschneiden, über die Füllung decken und gut andrücken. Aus Teigresten Verzierungen für den Rand und die Oberfläche schneiden. Mit etwas Wasser bestreichen und auf die Pastete „kleben". In den Rand mit einem Messerrücken zur Garnierung Rillen drücken. In die Teigoberfläche einige kreisrunde Löcher stechen, damit während des Backens Dampf entweichen kann.

6 Eigelb und Sahne verquirlen. Pastete damit bestreichen, auf ein mit Back-Papier belegtes Blech setzen und im vorgeheizten Backofen bei 175 Grad ca. 60 Minuten backen. Heiß oder kalt servieren.

✶✶✶

TIP

Für die Pastetenfüllung können Sie auch Reste von gebratenem Wild oder Wildgeflügel verwenden und mit Rinderhack mischen. Sehr gut schmecken Reste von gebratenem Fasan. Geben Sie die Haut ruhig mit in den Fleischwolf, sie gibt der Füllung einen kräftigen Geschmack.

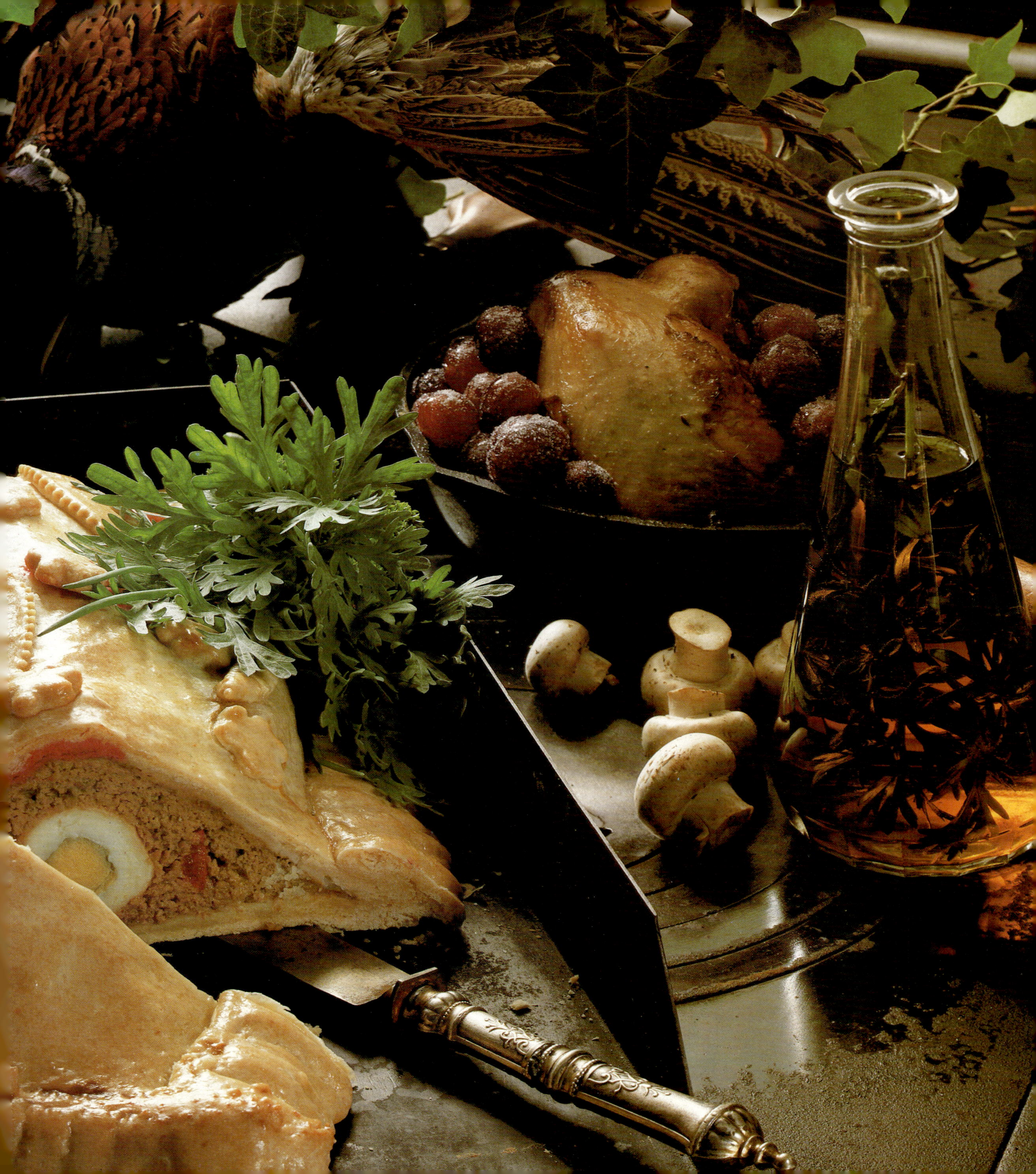

Herzhafte Kuchen, Pasteten und Pies

Königinpastetchen

500 g mageres Kalbfleisch,
¾ Liter Salzwasser, 2 Zwiebeln,
1 Lorbeerblatt, 4 Pimentkörner,
1 Teelöffel Pfefferkörner, 1 Bund
Suppengrün, 30 g Butter oder Margarine,
40 g Mehl, ¼ Liter Brühe, ¼ Liter Milch,
Salz, Pfeffer, Worcestersauce,
1 kleine Dose Champignons (280 g),
1 Dose Spargelabschnitte (280 g),
8 fertig gekaufte Blätterteigpasteten

1 Fleisch unter fließendem Wasser abspülen und mit einer abgezogenen Zwiebel, Lorbeerblatt, Pimentkörnern, Pfefferkörnern und geputztem, gewaschenem Suppengrün zum Kochen bringen. Ca. 1 Stunde bei milder Hitze garen.

2 Fleisch aus der Brühe nehmen und in Streifen schneiden. Brühe durchseihen.

3 Die zweite Zwiebel abziehen und in Würfel schneiden. Butter oder Margarine schmelzen und die Zwiebelwürfel darin glasig dünsten. Mehl einstreuen und hell anschwitzen lassen. Brühe und Milch angießen und die Sauce unter Rühren aufkochen und 5–8 Minuten köcheln lassen. Mit Salz, Pfeffer und etwas Worcestersauce abschmecken. Fleischstreifen, abgetropfte Pilze und abgetropften Spargel vorsichtig unter die Sauce heben und erhitzen. Ragout in die Pasteten füllen und alles im vorgeheizten Backofen bei 175 Grad ca. 8 Minuten überbacken.

nicht gefriergeeignet

Rindfleischpastetchen

500 g mageres Rindfleisch,
1 Zwiebel,
50 g Butter oder Margarine,
½ Liter Instant-Brühe,
¼ Liter Weißwein,
1 Eßlöffel Zitronensaft,
1 Teelöffel Kapern,
Salz, Pfeffer,
1 Prise Zucker, 40 g Mehl,
4–6 fertig gekaufte Blätterteigpasteten

1 Fleisch abspülen, abtrocknen und in kleine Würfel schneiden.

2 Zwiebel schälen und kleinhacken.

3 Butter oder Margarine erhitzen.

4 Zwiebel und Fleischwürfel darin kurz andünsten.

5 Brühe, Weißwein, Kapern und Zitronensaft hinzufügen, mit Salz, Pfeffer und Zucker würzen und alles ca. 30 Minuten garen.

6 In Wasser angerührtes Mehl einrühren und die Sauce nochmals aufkochen und 5 bis 8 Minuten ziehen lassen.

7 Dann das Ragout in die Blätterteigpasteten füllen und im vorgeheizten Backofen bei 175 Grad ca. 5 Minuten überbacken.

nicht gefriergeeignet

Ragout fin in Blätterteigpastetchen

250 g gekochte Kalbszunge,
150 g gekochtes Kalbshirn,
150 g gekochtes Geflügelfleisch,
50 g Butter oder Margarine, 50 g Mehl,
½ Liter Instant-Brühe,
100 g Champignons, 2 Eigelb,
2 Eßlöffel Milch, 1 Eßlöffel Zitronensaft,
2 Eßlöffel Weißwein, Salz, Pfeffer,
1 Eßlöffel Worcestersauce,
3 Eßlöffel geriebener Käse,
2 Eßlöffel Butterflöckchen,
4–6 fertig gekaufte Blätterteigpastetchen

1 Kalbszunge, Kalbshirn und Geflügelfleisch kleinschneiden.

2 Butter oder Margarine erhitzen und das Mehl darin hell anschwitzen. Mit Brühe unter Rühren ablöschen. Abgetropfte, kleingeschnittene Champignons und Fleisch hineingeben und alles ca. 10 Minuten dünsten.

3 Eigelb mit Milch verschlagen und das Ragout damit legieren. Mit Zitronensaft, Weißwein, Salz, Pfeffer und Worcestersauce abschmecken.

4 Ragout in die Blätterteigpastetchen füllen und mit Käse bestreuen und mit Butterflöckchen belegen. Alles im vorgeheizten Backofen bei 200 Grad 5 Minuten überbacken, bis der Käse zu zerlaufen beginnt.

nicht gefriergeeignet

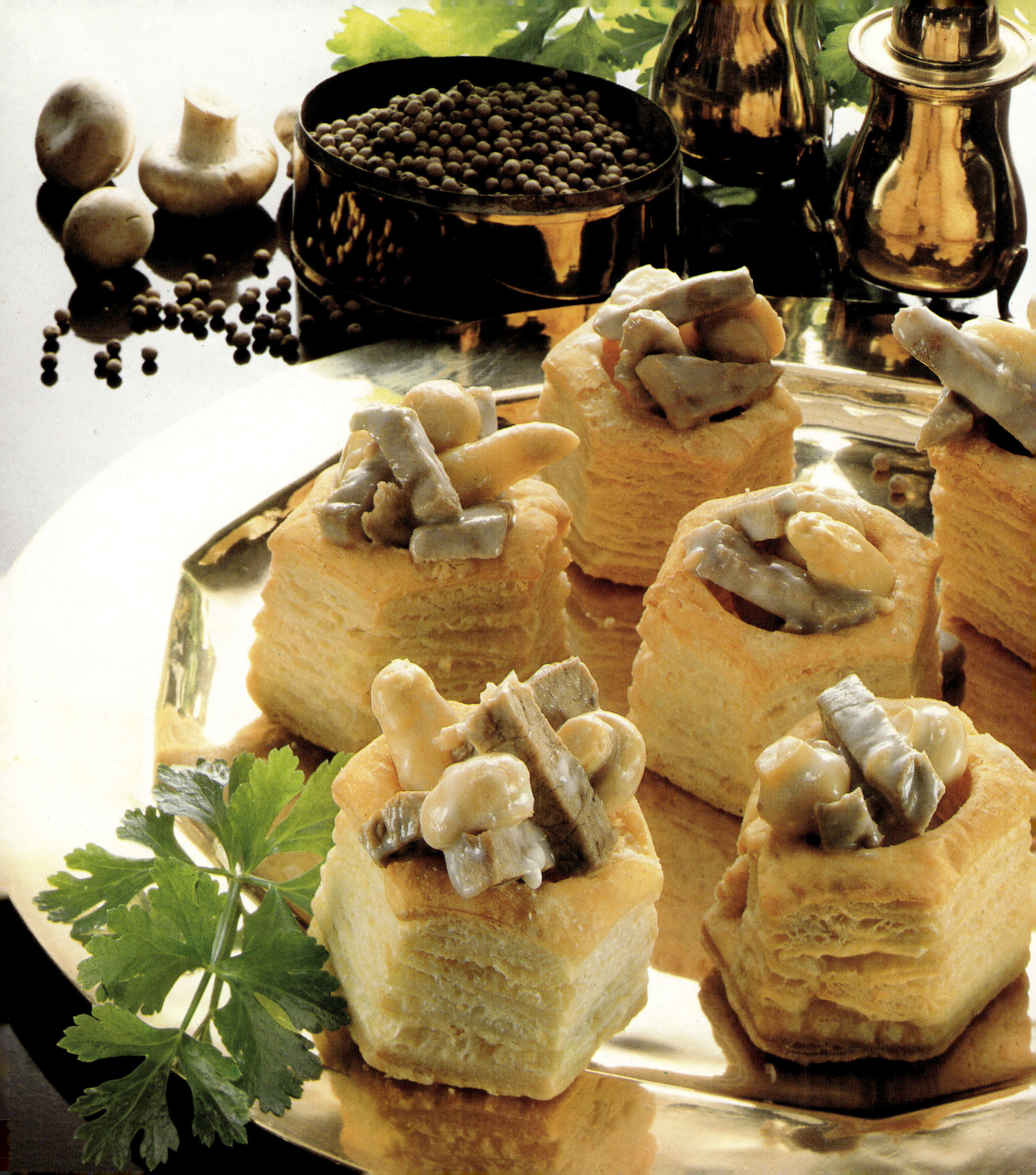

Herzhafte Kuchen, Pasteten und Pies

Herzhaftes Schühchen

Teig:
200 g Mehl,
1 gestrichener Teelöffel Backpulver,
1 Ei,
75 g Butter oder Margarine

Füllung *(oder eine der nachstehenden Füllungen):*
200 g frischer Blattspinat,
2 kleine Zwiebeln,
20 g Butter oder Margarine,
1 Knoblauchzehe,
1 kleines Ei,
150 g Hackfleisch,
Salz, Pfeffer,
1 Eigelb zum Bestreichen

1 Mehl auf eine Arbeitsfläche geben und in die Mitte eine Vertiefung drücken. Backpulver und Ei hineingeben. Butter oder Margarine in Flöckchen an den Rand setzen und alles von außen nach innen zu einem glatten Teig verkneten. In Frischhaltefolie verpackt ca. 30 Minuten kalt stellen.

2 Spinat waschen und verlesen.

3 Butter oder Margarine erhitzen, eine abgezogene, kleingehackte Zwiebel und den abgetropften Spinat darin andünsten.

4 Die zweite Zwiebel und die Knoblauchzehe abziehen, Zwiebel feinhacken, Knoblauchzehe zerdrücken und beides zusammen mit dem Ei unter das Hackfleisch mischen. Mit Salz und Pfeffer abschmecken.

5 Den Teig ausrollen. Aus Pappe eine Schablone für eine Schuhsohle von etwa 12 cm Länge ausschneiden. Auf den Teig legen und die Umrisse ausrädeln. Anschließend mit Hackfleischmasse und dann mit dem gedünsteten, abgetropften Spinat belegen. Mit dem restlichen ausgerollten Teig abdecken und zu einem Schühchen formen. Aus eventuellen Teigresten Schnürbandlaschen und Schnürbänder formen. Mit verquirltem Eigelb auf den Schuh kleben. Den Schuh mit dem restlichen Eigelb bestreichen. Im vorgeheizten Backofen bei 200 Grad ca. 30 Minuten backen.

✳✳✳ *ohne Füllung*

Geflügelfüllung

500 g Geflügelfleisch (Puter, Hähnchenbrustfilet oder Schnitzelfleisch),
200 g durchwachsener, geräucherter Speck,
200 g Champignons, 4 Eier, 2 Brötchen,
5 Eßlöffel Sahne, 5 Eßlöffel Sojasauce, Pfeffer

1 Das Geflügelfleisch mit dem kleingeschnittenen Speck und den Champignons im Mixer pürieren.

2 Eier, eingeweichte und ausgedrückte Brötchen, Sahne und Sojasauce dazugeben und alles pikant mit Pfeffer abschmecken.

nicht gefriergeeignet

Leberwurstfüllung

400 g Pfälzer Kräuterleberwurst,
2 Gewürzgurken,
75 g eingelegte Perlzwiebeln,
1 Teelöffel Kapern,
3 Eßlöffel Semmelbrösel,
2 Eier

1 Leberwurst aus dem Darm nehmen und in eine Schüssel geben.

2 Feingehackte Gewürzgurken, geviertelte Perlzwiebeln, abgetropfte Kapern, Semmelbrösel und Eier dazugeben und alles zu einem glatten Teig vermischen.

nicht gefriergeeignet

Schweinemettfüllung

400 g Schweinemett,
1 Eßlöffel grüne Pfefferkörner,
2 rote Paprikaschoten,
2 Eßlöffel feingehackte, gemischte Kräuter,
1 Teelöffel grobgeschroteter, schwarzer Pfeffer,
125 g Maiskörner, Salz

1 Schweinemett in eine Schüssel geben und mit den Pfefferkörnern vermischen.

2 Paprikaschoten halbieren, waschen, von den Samensträngen befreien und ganz fein hacken.

3 Dann zusammen mit den Kräutern, dem grobgeschrotetem Pfeffer und den abgetropften Maiskörnern unter das Mett mischen. Mit Salz abschmecken.

nicht gefriergeeignet

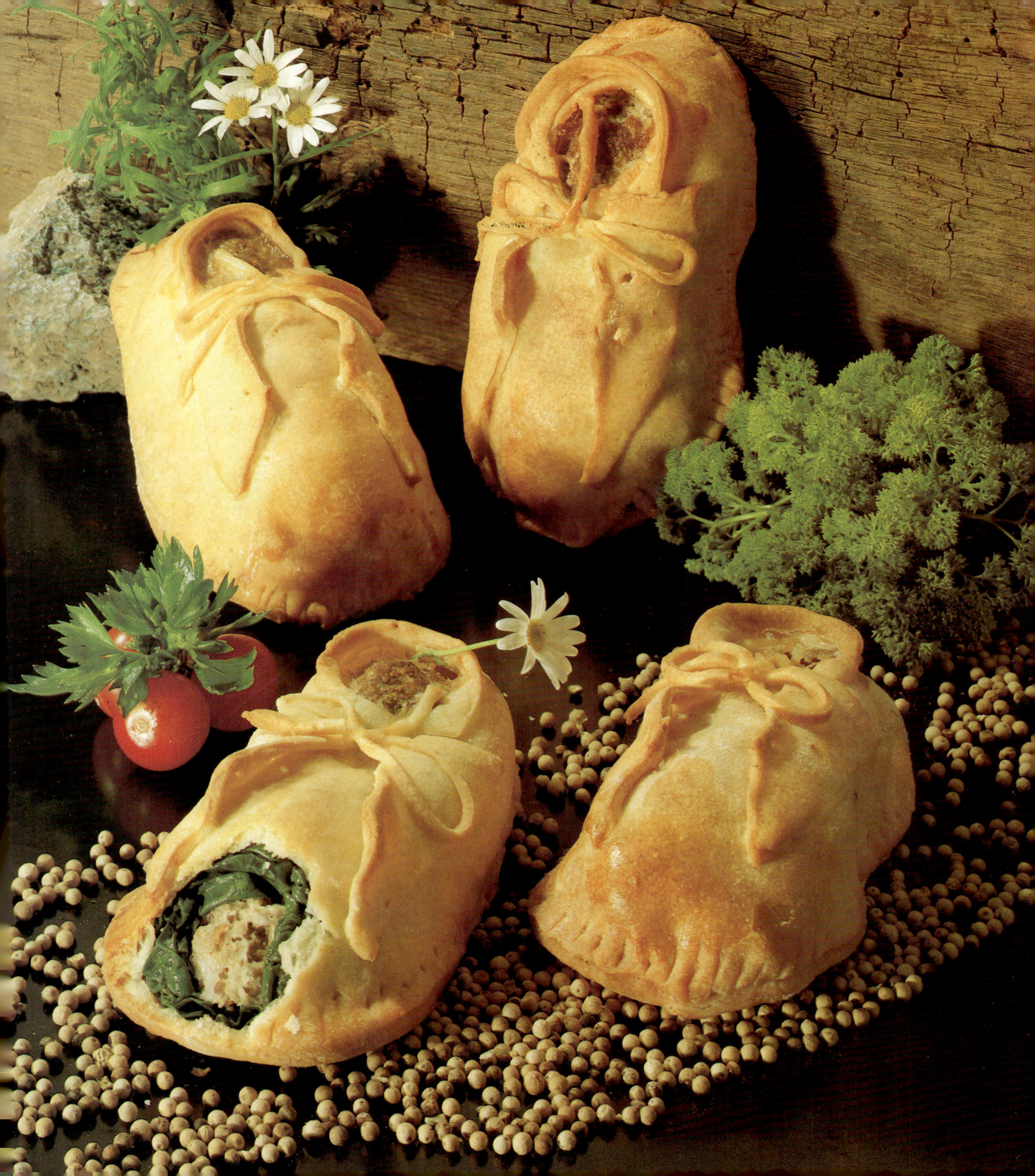

Herzhafte Kuchen, Pasteten und Pies

Schwanenpastete mit Geflügel

1 Poularde von ca. 2 kg, 1 Liter Wasser, ⅛ Liter Rotwein, 1 Bund gemischte Kräuter, 10 Pfefferkörner, 1 Glas (5 cl) Weinbrand, 2 Eßlöffel Orangensaft, 2 Eßlöffel Öl

Pastetenteig:
500 g Mehl, 200 g Schweineschmalz, ½ Teelöffel Salz, 6-8 Eßlöffel Wasser, 2 Zwiebeln, 2 Knoblauchzehen, 300 g mageres Schweinefleisch, 300 g frischer Speck, 2 Teelöffel gemischtes Pastetengewürz, 1 Teelöffel Thymian, 1 Teelöffel abgeriebene Orangenschale, Salz, 2 Eigelb zum Bestreichen

1 Von der Poularde das Brustfleisch ablösen und zur Seite stellen. Dann das restliche Fleisch von der Poularde ablösen.

2 Die Knochen zerkleinern und mit dem Wasser, Rotwein, Kräuterstrauß und den Pfefferkörnern zum Kochen bringen, bei schwacher Hitze im offenen Topf langsam auf ⅛ Liter Brühe einkochen. Dann durch ein Sieb gießen.

3 Das abgelöste Brustfleisch in einen tiefen Teller legen und mit Weinbrand und Orangensaft beträufeln. 3 Stunden ziehen lassen.

4 Für den Teig das Mehl auf die Arbeitsplatte sieben. Das Schmalz in kleinen Stücken zugeben. Beides mit den Fingern zerbröseln, sodaß das Fett in das Mehl gerieben wird und eine sehr krümelige Masse entsteht.

In die „Krümelmasse" eine Mulde drücken. Das Salz hineinstreuen und das Wasser angießen. Alles zu einem glatten Teig verkneten. 1 Stunde in den Kühlschrank stellen.

5 Öl in einer Pfanne erhitzen und das marinierte Brustfleisch etwa 3 Minuten von jeder Seite braten. Die feingehackten Zwiebeln und zerdrückten Knoblauchzehen zugeben und kurz anbraten. Mit der Marinade und dem Geflügelfond aufgießen. Bei schwacher Hitze nochmals auf etwa eine Tasse Flüssigkeit einkochen lassen.

6 Das abgelöste Geflügelfleisch mit dem Schweinefleisch und dem Speck durch einen Fleischwolf drehen, mit den Gewürzen vermischen und mit Salz abschmecken.

7 Aus dem Pastetenteig ein Rechteck ausrollen, die Hälfte der Fleischmasse zum Oval daraufgeben, die abgetropfte Geflügelbrust darauflegen und mit dem restlichen Fleischteig abdecken.

8 Den restlichen Teig darüberlegen und gut auf der Unterseite festdrücken. Die Nahtstellen dann nach unten klappen. Den Teig einige Male mit einer Gabel einstechen.

9 Aus dem restlichen Teig Flügel und den Hals mit dem Kopf formen. Alles mit verquirltem Eigelb bestreichen.

10 Schwanenkörper und die übrigen Teile auf ein mit Back-Papier belegtes Backblech setzen und im vorgeheizten Backofen bei 200 Grad ca. 1 Stunde backen.

11 Flügel und Hals mit dem Kopf schon nach ca. 30 Minuten aus dem Backofen nehmen.

12 Die fertige Pastete etwas abkühlen lassen, dann auf eine Servierplatte heben. Flügel und Hals mit dem Kopf vorsichtig mit Holzstäbchen an dem Schwan befestigen.

nicht gefriergeeignet

Gebackene Briefe

2 Pakete tiefgekühlter Blätterteig (à 300 g),
1-2 Eigelb zum Bestreichen

Füllung:
1 Eßlöffel Fett, 300 g Hackfleisch,
1 Zwiebel, 100 g Sojakeime,
150 g frischgeschnittener Weißkohl,
1 Brötchen, 2 Eier, Salz, Pfeffer,
Paprikapulver, 3 Eßlöffel Sojasauce

1 Den Blätterteig auftauen lassen. Die einzelnen Lagen zu Quadraten ausrollen. Die Ränder mit etwas Eigelb bestreichen.

2 Fett in einer Pfanne erhitzen und das Hackfleisch darin anbraten. Zwiebel abziehen und feinhacken. Mit Sojakeimen und Weißkohl 10 Minuten bei mittlerer Hitze dünsten.

3 Die Masse in eine Schüssel geben. Das eingeweichte, ausgedrückte Brötchen und die Eier dazugeben, alles vermischen und mit Salz, Pfeffer, Paprikapulver und Sojasauce pikant abschmecken.

4 Diese Masse auf die Teigquadrate verteilen. Die vier Teigecken nach innen schlagen und andrücken.

5 Die „Briefe" mit verquirltem Eigelb bestreichen und im Backofen bei 200 Grad 25 Minuten backen. Nach dem Backen mit Lebensmittelfarbe verzieren. Man kann auch Mayonnaise mit Lebensmittelfarbe oder Tomatenmark einfärben und die kleinen Briefe damit verzieren.

nicht gefriergeeignet

> **TiP**
>
> Blätterteig immer auf einer nur leicht bemehlten Arbeitsfläche ausrollen und sehr kalt verarbeiten. Hände mehrmals in kaltes Wasser tauchen. Das Gebäck zum Backen immer auf ein mit Wasser benetztes Backblech legen.

Knusprige Käsehäppchen

Käsetörtchen mit verschiedenen Füllungen

Teig:

150 g Mehl, 125 g mittelalter Gouda,
1 Eigelb, Paprikapulver, 1 Prise Salz,
125 g Butter oder Margarine

1 Mehl auf eine Arbeitsfläche geben und in die Mitte eine Vertiefung drücken.

2 Geriebenen Käse, Eigelb, Paprikapulver und Salz hineingeben. Butter oder Margarine in Flöckchen an den Rand setzen und alles von außen nach innen zu einem glatten Teig verkneten. In Frischhaltefolie verpackt ca. 30 Minuten kalt stellen.

3 Teig auf einer bemehlten Arbeitsfläche ca. 5 mm dick ausrollen und vier gefettete Törtchenformen damit auslegen. Mit der Gabel den Teigboden mehrmals einstechen und im vorgeheizten Backofen bei 200 Grad ca. 10 Minuten backen.

4 Törtchen aus der Form lösen, auskühlen lassen und nach Wunsch mit folgenden Füllungen versehen.

✱✱✱ *Törtchen ohne Füllung*

Spargel-Schinken-Füllung

8 Scheiben gekochter Schinken,
16 kleine Stangen Spargel aus der Dose,
80 g Edamer, Thymian

1 Schinkenscheiben halbieren und jeweils vier Spargelstangen in eine halbe Schinkenscheibe einrollen.

2 Käse reiben und mit der Hälfte die Törtchen ausstreuen.

3 4 Spargelröllchen darauf anrichten und mit restlichem geriebenem Käse bestreuen. Im vorgeheizten Backofen bei 200 Grad ca. 3 Minuten überbacken. Mit Thymian verziert servieren.

nicht gefriergeeignet

Krabbenfüllung

200 g frische Krabben oder Shrimps,
2 Eßlöffel Cognac, 1 Knoblauchzehe,
4 Eßlöffel Mayonnaise, 2 Eßlöffel gehackte, gemischte Kräuter,
2 Eßlöffel geriebener Parmesan,
Salz, Worcestersauce, Zitronenmelisse

1 Krabben oder Shrimps mit Cognac beträufeln und ½ Stunde ziehen lassen.

2 Knoblauchzehe abziehen und die Törtchenböden damit einreiben.

3 Mayonnaise mit Kräutern und Parmesan verrühren und mit Salz und Worcestersauce abschmecken.

4 Die abgetropften Krabben auf die Törtchen verteilen und mit etwas Parmesansauce übergießen. Im vorgeheizten Backofen bei 200 Grad ca. 5 Minuten überbacken. Mit Zitronenmelisse verziert servieren.

nicht gefriergeeignet

Pilzfüllung

1 kleine Dose Champignons,
2 Zwiebeln,
150 g geräucherter, durchwachsener Speck,
3 Eßlöffel Öl, Salz, Pfeffer,
Majoran,
100 g mittelalter Gouda,
Thymiansträußchen

1 Pilze auf einem Sieb abtropfen lassen, dann halbieren. Zwiebeln abziehen und in Stücke, Speck in Würfel schneiden.

2 Öl in einer Pfanne erhitzen und die Speckwürfel darin auslassen. Zwiebelstücke und Champignonhälften zufügen und ca. 2 Minuten mitdünsten. Mit Salz, Pfeffer und Majoran abschmecken und in die vier Törtchen verteilen.

3 Goudakäse in schmale Streifen schneiden, kreuzweise über die Törtchen legen und im vorgeheizten Backofen bei 175 Grad ca. 5 Minuten überbacken. Mit Thymian garniert servieren.

nicht gefriergeeignet

Herzhafte Salamifüllung

150 g kleine Salamischeiben,
80 g Chesterkäse, 8 mit Paprika
gefüllte Oliven, Pfeffer, Oregano,
Minzeblätter

1 Die Törtchen jeweils mit Salamischeiben auslegen.

2 Käse in Streifen und Oliven in Scheiben schneiden und darauf anrichten. Mit Pfeffer und Oregano bestreuen.

3 Einige Salami- und Olivenscheiben als Garnitur auf die Törtchen setzen und diese im vorgeheizten Backofen bei 200 Grad ca. 5 Minuten überbacken. Mit Minzeblättern verziert servieren.

nicht gefriergeeignet

Gemüsefüllung

1 kleine Stange Porree (Lauch),
1 rote Paprikaschote, 1 grüne
Paprikaschote, 30 g Butter,
60 g tiefgekühlte Erbsen,
60 g Mais aus der Dose, Salz, Pfeffer,
Selleriesalz, 100 g Mozzarella, Selleriekraut

1 Porree putzen, waschen und in Ringe schneiden. Paprikaschoten waschen, halbieren, von den Samensträngen befreien und in Streifen schneiden. In heißer Butter zusammen mit den Erbsen und dem abgetropften Mais ca. 5 Minuten dünsten. Mit Salz, Pfeffer und Selleriesalz abschmecken und auf vier Törtchen verteilen.

2 Mozzarella würfeln und darüberstreuen. Im vorgeheizten Backofen bei 180 Grad ca. 5 Minuten überbacken. Mit Selleriekraut verziert servieren.

nicht gefriergeeignet

Tomatenfüllung

2 Eßlöffel Remoulade, 2 Eßlöffel
Chilisauce, 4 Tomaten, 1 Camemberthälfte,
½ Bund Petersilie

1 Remoulade und Chilisauce verrühren.

2 Tomaten waschen, halbieren, entkernen, in Streifen schneiden.

3 Camembert in Streifen schneiden. Petersilie waschen und feinhacken.

4 Chiliremoulade auf die Törtchen streichen, mit Tomaten- und Camembert anrichten. Bei 175 Grad ca. 3 Minuten überbacken. Mit Petersilie bestreuen.

nicht gefriergeeignet

53

Knusprige Käsehäppchen

Käsetaschen

Teig:
250 g Mehl, 250 g Quark, 125 g Butter oder Margarine

Zum Bestreichen:
1 Ei

Füllung:
100 g geriebener Edamer Käse

Zum Bestreuen:
Sesamkörner, Mohn

1 Mehl auf eine Arbeitsfläche geben und in die Mitte eine Vertiefung drücken. Quark hineingeben, Butter oder Margarine in Flöckchen an den Rand setzen. Von außen nach innen zu einem Teig verkneten. In Folie verpackt ca. 30 Minuten kalt stellen.

2 Den Teig auf der bemehlten Arbeitsfläche ausrollen und zu runden Förmchen ausstechen. Auf ein mit Back-Papier belegtes Blech geben, mit verquirltem Ei bestreichen, eine Hälfte mit Käse bestreuen.

3 Die andere Teighälfte darüberklappen, mit Ei bestreichen und mit Sesamkörnern oder Mohn bestreuen. Im vorgeheizten Backofen bei 200 Grad ca. 15 Minuten backen.

Käsesäckchen

Teig:
250 g Mehl, ¼ Teelöffel Salz, 250 g Quark, 125 g Butter oder Margarine

Füllung:
200 g Emmentaler Käse, 2 Eier, 6 Eßlöffel Sahne, Salz, Pfeffer

Zum Bestreichen:
1 verquirltes Ei

1 Mehl auf eine Arbeitsfläche geben, in die Mitte eine Vertiefung drücken.

2 Salz und Quark hineingeben, Butter oder Margarine in Flöckchen an den Rand setzen. Von außen nach innen zu einem Teig verkneten. In Folie verpackt ca. 30 Minuten kalt stellen.

3 Den Teig auf der bemehlten Arbeitsfläche ausrollen und zu Quadraten ausschneiden. Die Ecken zur Mitte hin leicht einschneiden und hochziehen.

4 Käse in Würfel schneiden und auf die Teigquadrate verteilen. Eier mit Sahne, Salz und Pfeffer verschlagen und über den Käse gießen.

5 Die Teigecken zur Mitte hin einschlagen und mit aus Teigresten geformten Bällchen belegen. Auf ein gefettetes Backblech setzen. Mit Ei bestreichen und im vorgeheizten Backofen bei 200 Grad 15 Minuten backen.

Käsehörnchen

Teig:
250 g Mehl, 1 Teelöffel getrocknete Petersilie, ¼ Teelöffel Salz, 2 Eier, 125 g geriebener Greyerzer Käse, 125 g Butter oder Margarine

Zum Bestreichen:
1 Ei

Zum Bestreuen:
geriebener Greyerzer Käse, Paprikapulver

1 Mehl auf eine Arbeitsfläche geben und in die Mitte eine Vertiefung drücken.

2 Petersilie, Salz, ein Ei und den geriebenen Käse hineingeben. Butter oder Margarine in Flöckchen an den Rand setzen und alles von außen nach innen zu einem glatten Teig verkneten. In Frischhaltefolie verpackt ca. 30 Minuten kalt stellen.

3 Den Teig auf der bemehlten Arbeitsfläche ausrollen. Dreiecke ausschneiden.

4 Die Teigdreiecke von der breiten Seite her aufrollen und auf ein eingefettetes Backblech legen.

5 Mit dem zweiten, verquirlten Ei bestreichen und mit Käse oder Paprika bestreuen. Im vorgeheizten Backofen bei 200 Grad 15 bis 20 Minuten backen.

Käseplätzchen

Teig:
250 g Mehl, 1 gestrichener Teelöffel Paprikapulver, 125 g mittelalter geriebener Gouda, 2 Eier, ¼ Teelöffel Salz, 125 g Butter oder Margarine

Zum Bestreichen:
1 Ei

Zum Bestreuen:
Sesamkörner, Kümmel, Mohn

1 Mehl auf eine Arbeitsfläche geben, in die Mitte eine Vertiefung drücken.

2 Paprikapulver, geriebenen Käse, Eier und Salz hineingeben. Butter oder Margarine in Flöckchen an den Rand setzen und alles von außen nach innen zu einem glatten Teig verkneten. In Frischhaltefolie verpackt ca. 30 Minuten kalt stellen.

3 Den Teig auf einer bemehlten Arbeitsfläche ausrollen und zu beliebigen Formen ausstechen. Auf ein mit Back-Papier belegtes Blech geben.

4 Mit verquirltem Ei bestreichen und mit Sesamkörnern, Kümmel oder Mohn bestreuen. Im vorgeheizten Backofen bei 200 Grad ca. 15 Minuten backen.

Alle Käsegebäckstücke sind nicht gefriergeeignet

Knusprige Käsehäppchen

Käse-Gemüse-Tiegel

1 grüne Paprikaschote,
2 Fleischtomaten,
20 g Butter oder Margarine,
100 g Erbsen aus der Dose,
100 g Mais aus der Dose,
2 Camemberthälften,
Salz, Pfeffer

1 Paprikaschoten waschen, halbieren, von den Samensträngen befreien und in Streifen schneiden. Die Tomaten waschen, halbieren, entkernen und das Fruchtfleisch in Würfel schneiden.

2 Butter oder Margarine in einem Topf schmelzen und die Paprikastreifen darin ca. 2 Minuten dünsten.

3 Anschließend mit abgetropften Erbsen, Mais und Tomatenwürfeln in vier feuerfeste Förmchen verteilen und mit den Gewürzen bestreuen.

4 Camembert in Scheiben schneiden und jeweils über das Gemüse legen. Im vorgeheizten Backofen bei 175 Grad ca. 5 Minuten überbacken.

nicht gefriergeeignet

Süßlicher Käsetiegel

4 Camemberthälften,
2 Bananen,
2 Eßlöffel Bananenlikör,
4 Eßlöffel Tomatenketchup,
Salz, Pfeffer,
Zucker, Currypulver

1 Camembert in Streifen, die geschälten Bananen in Scheiben schneiden.

2 Camembertstreifen und Bananenscheiben in vier feuerfeste Förmchen schichten und mit Bananenlikör beträufeln.

3 Tomatenketchup mit den Gewürzen verrühren, mit Salz, Pfeffer, Zucker und Curry abschmecken und darübergießen. Im vorgeheizten Backofen bei 175 Grad ca. 5 Minuten überbacken.

nicht gefriergeeignet

Fisch-Käse-Tiegel

12 Riesengarnelen,
⅛ Liter Weißwein,
1 kleine Dose Spargel,
2 Camemberthälften,
8 Scheiben roher Schinken,
Salz, Pfeffer,
Paprikapulver,
Oregano

1 Die Riesengarnelen zugedeckt ca. 3 Minuten in dem Weißwein dünsten.

2 Spargel auf einem Sieb abtropfen lassen, Camembert in Würfel schneiden.

3 Garnelen, Spargel, Schinken und Gewürze in vier feuerfeste Förmchen füllen und mit Käsewürfeln bestreuen. Im vorgeheizten Backofen bei 175 Grad ca. 5 Minuten überbacken.

nicht gefriergeeignet

Fischer-Camembert

16 Champignons,
4 Camemberthälften,
4 Scheiben gekochter Schinken,
8 Eßlöffel Krabben,
2 Knoblauchzehen,
4 Eßlöffel Weißwein,
Pfeffer,
Basilikum

1 Pilze putzen, waschen und abziehen. Camemberthälften und Pilze in Scheiben, gekochten Schinken in Streifen schneiden.

2 Knoblauchzehen abziehen und zerdrücken.

3 Die vorbereiteten Zutaten auf vier feuerfeste Förmchen verteilen, den Wein darüberträufeln und mit Pfeffer und Basilikum bestreuen. Im vorgeheizten Backofen bei 200 Grad ca. 10 Minuten überbacken.

nicht gefriergeeignet

TIP

Zum Ausbacken nimmt man am besten Camembert, der einen Fettgehalt von 60 % i.Tr. hat. Seit einiger Zeit aber gibt es auch einen Camembert speziell nur zum Ausbacken, der „roh" nicht gegessen werden kann.

Kokos-Camembert

4 Camemberthälften,
4 Eier,
120 g Kokosraspeln

1 Die Camemberthälften quer durchschneiden. Die Eier verschlagen und die Camemberthälften erst in Ei und anschließend in Kokosraspeln wenden.

2 In vier feuerfeste Förmchen geben und im vorgeheizten Backofen bei 200 Grad ca. 5 Minuten überbacken. Nach Wunsch Preiselbeeren dazu reichen.

nicht gefriergeeignet

Schichtpfännchen

4 Camemberthälften,
4 hartgekochte Eier,
500 g blanchierter Blattspinat,
Salz, Muskat,
4 Eßlöffel Crème fraîche,
8 dünne Scheiben Frühstücksspeck

1 Camembert und gepellte Eier in dünne Scheiben schneiden.

2 Abwechselnd mit dem gut abgetropften Spinat in die Pfännchen verteilen. Spinat jeweils mit Muskat würzen und mit Crème fraîche bestreichen. Den Abschluß sollte Camembert bilden.

3 Töpfchen für 10 Minuten in den auf 200 Grad vorgeheizten Backofen stellen. Mit dem in einer Pfanne knusprig ausgebratenem Speck belegt rasch servieren.

nicht gefriergeeignet

Knusprige Käsehäppchen

Käse-Soufflé

80 g Butter oder Margarine,
80 g Mehl,
½ Liter Milch,
Salz, Pfeffer,
Muskat,
4 Eier,
120 g geriebener Emmentaler Käse,
10 g Butter oder Margarine

1 Butter oder Margarine schmelzen. Mehl zugeben und hell anschwitzen. Mit Milch ablöschen, glattrühren, einmal aufkochen und 5 Minuten köcheln lassen. Mit Salz, Pfeffer und Muskat abschmecken.

2 Eier trennen, Eigelb und geriebenen Emmentaler Käse unter die Sauce rühren.

3 Eiweiß steifschlagen und unter die Käsemasse heben.

4 Soufflé-Masse in eine feuerfeste, mit Butter oder Margarine ausgestrichene Form füllen und im vorgeheizten Backofen bei 180 Grad ca. 45 Minuten backen. Mit einem hauchdünnen Tuch vor Luftzug schützen und sofort servieren. – Die Backofentür darf während des Backens nicht geöffnet werden, da das Soufflé sonst zusammenfällt.

nicht gefriergeeignet

Gefüllter Camembert

4 Camemberthälften,
4 Scheiben roher Schinken,
Pfeffer,
Thymian

1 Die Camemberthälften waagerecht der Länge nach halbieren.

2 Schinken in Streifen schneiden.

3 4 Käsehälften in vier feuerfeste Förmchen geben und mit Schinkenstreifen bestreuen.

4 Die übrigen Camemberthälften darüberklappen, mit Pfeffer und Thymian bestreuen und im vorgeheizten Backofen bei 200 Grad ca. 5 Minuten überbacken.

nicht gefriergeeignet

Camembert mit Thunfisch

4 Camemberthälften,
2 Dosen Thunfisch,
4 gedünstete Zwiebelscheiben,
4 Eßlöffel Tomatenmark,
Pfeffer

1 Den Camembert vierteln.

2 Den Thunfisch auf einem Sieb gut abtropfen lassen und mit den Zwiebelscheiben auf vier feuerfeste Förmchen verteilen.

3 Camembertviertel darübergeben.

4 Tomatenmark mit Pfeffer würzen und über die Käseviertel verteilen. Im vorgeheizten Backofen bei 175 Grad 5 Minuten überbacken.

nicht gefriergeeignet

Camembert nach Bauernart

4 Camemberthälften,
2 Gewürzgurken,
4 Scheiben geräucherter,
durchwachsener Speck,
Cayennepfeffer,
Thymian

1 Camemberthälften und Gewürzgurken in Streifen schneiden.

2 Speck kleinwürfeln und in einer Pfanne auslassen.

3 Camembert- und Gurkenstreifen mit Speckwürfeln und Gewürzen in vier feuerfeste Förmchen geben und im vorgeheizten Backofen bei 200 Grad ca. 5 Minuten überbacken.

nicht gefriergeeignet

TiP

Es muß nicht immer Camembert sein. Wer einen milderen Geschmack bevorzugt, kann ihn auch durch einen nicht zu weichen Brie ersetzen.

Gebackener Camembert und gebackener Emmentaler Käse

2 Schachteln nicht zu reifer Camembert,
3 Eier, 100 g Kokosraspeln,
4 Scheiben Emmentaler Käse von je ca. 100 g,
75 g Semmelbrösel, 1 Teelöffel
grob geschroteter schwarzer Pfeffer,
75 g Butter, 1 Glas Preiselbeeren

1 Von dem Camembert mit einem gezackten Messer die Schimmelschicht leicht abschaben.

2 Die Eier verquirlen. Die Camemberthälften zuerst in Ei, dann in den Kokosraspeln wenden.

3 Emmentaler Käsescheiben quer halbieren. Auch durch das Ei ziehen, dann in den mit Pfeffer vermischten Semmelbröseln wenden.

4 Beide Käsesorten über der Fettpfanne auf den Grillrost legen, mit etwas zerlassener Butter beträufeln und unter dem vorgeheizten Grill etwa 5 Minuten überbacken, dann wenden und auch die zweite Seite mit Butter beträufelt grillen.

5 Zusammen mit den Preiselbeeren auf einem Teller anrichten und sehr heiß servieren.

nicht gefriergeeignet

Knusprige Käsehäppchen

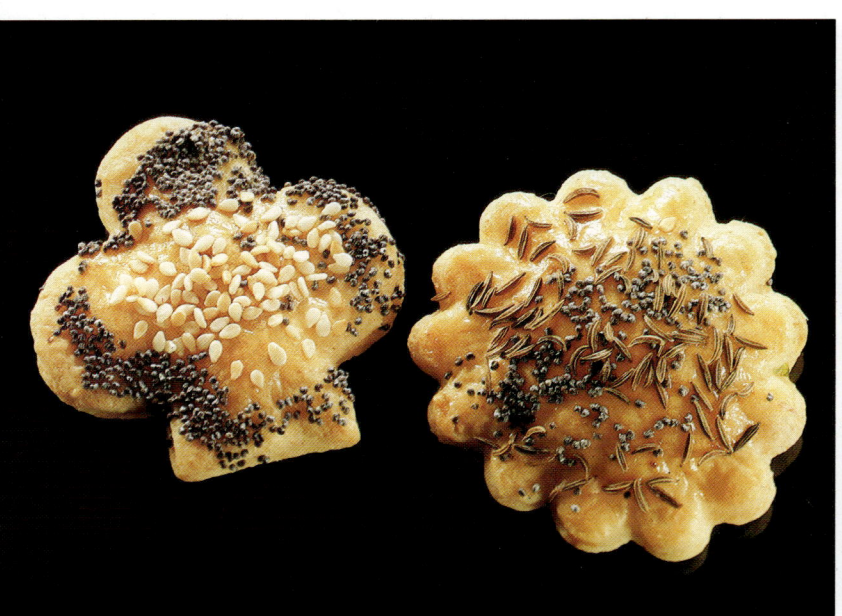

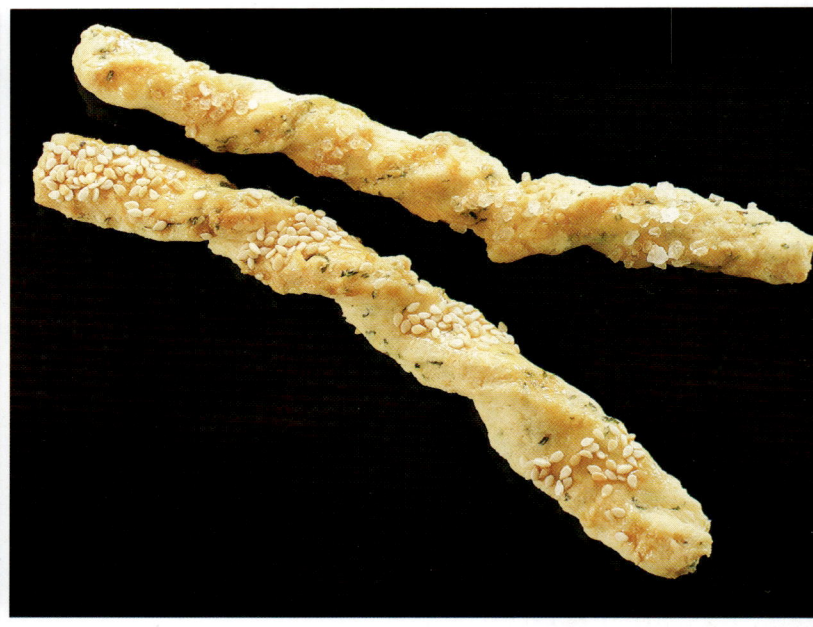

Mohn-Käse-Plätzchen

Teig:

250 g Mehl, 1 Prise Salz, 1 Messerspitze Paprikapulver, 125 g geriebener alter Gouda, 1 Ei, 4 Eßlöffel Sauerrahm, 125 g Butter oder Margarine

Zum Bestreichen:

1 Ei

Zum Bestreuen:

Mohn

1 Mehl auf eine Arbeitsfläche geben, in die Mitte eine Vertiefung drücken.

2 Salz, Paprikapulver, geriebenen Käse, Ei und Sauerrahm hineingeben. Butter oder Margarine in Flöckchen an den Rand setzen und alles von außen nach innen zu einem glatten Teig verkneten. In Frischhaltefolie verpackt für ca. 30 Minuten kalt stellen.

3 Den Teig auf der bemehlten Arbeitsfläche ausrollen und zu beliebigen Formen ausstechen. Auf ein mit Back-Papier belegtes Blech legen.

4 Mit verquirltem Ei bestreichen und mit Mohn (wahlweise auch Sesamkörner oder Paprikapulver) bestreuen. Im vorgeheizten Backofen bei 200 Grad 15 bis 20 Minuten backen.

Käsestangen

Teig:

250 g Mehl,
3 Eßlöffel gehackte, gemischte Kräuter,
125 g geriebener Leerdamer Käse,
1 Ei,
¼ Teelöffel Salz,
125 g Butter oder Margarine

Zum Bestreichen:

1 Ei

Zum Bestreuen:

grobes Salz, Sesamkörner

1 Mehl auf eine Arbeitsfläche geben und in die Mitte eine Vertiefung drücken.

2 Kräuter, geriebenen Käse, Ei und Salz hineingeben. Butter oder Margarine in Flöckchen an den Rand setzen und alles von außen nach innen zu einem glatten Teig verkneten. In Frischhaltefolie verpackt ca. 30 Minuten kalt stellen.

3 Den Teig auf der bemehlten Arbeitsfläche ausrollen und zu Streifen ausrädern.

4 Die Teigstreifen zu Stangen drehen, mit verquirltem Ei bestreichen und mit Sesamkörnern oder grobem Salz bestreuen. Auf ein mit Back-Papier belegtes Blech geben und im vorgeheizten Backofen bei 200 Grad ca. 15 Minuten backen.

Käseschleifen

300 g tiefgekühlter Blätterteig

Zum Bestreichen:

1 Ei

Zum Bestreuen:

100 g Parmesan, Kümmel, Mohn

1 Blätterteig nach Vorschrift auftauen lassen. Die einzelnen Platten ausrollen und zu Rechtecken ausschneiden.

2 Diese in der Mitte einritzen und je eine Teigseite von unten nach oben durch den jeweiligen Schlitz ziehen.

3 Diese Schleifen auf ein mit kaltem Wasser abgespültes Backblech legen, mit verquirltem Ei bestreichen und mit geriebenem Parmesan, Kümmel oder Mohn bestreuen. Im vorgeheizten Backofen bei 220 Grad 15 bis 20 Minuten backen.

Käsemonde

Teig:

250 g Mehl,
¼ Teelöffel Salz,
1 Eßlöffel Schnittlauchröllchen,
125 g geriebener Parmesan,
1 Ei,
125 g Butter oder Margarine

Zum Bestreichen:

1 Ei

Zum Bestreuen:

Sesamkörner, Mohn

1 Mehl auf eine Arbeitsfläche geben und in die Mitte eine Vertiefung drücken.

2 Salz, Schnittlauchröllchen, geriebenen Parmesan und das Ei hineingeben. Butter oder Margarine in Flöckchen an den Rand setzen und alles von außen nach innen zu einem glatten Teig verkneten. In Frischhaltefolie verpackt ca. 30 Minuten kalt stellen.

3 Den Teig auf der bemehlten Arbeitsfläche ausrollen und zu beliebigen Formen wie Monde oder Zungen, ausstechen. Auf ein mit Back-Papier belegtes Blech geben.

4 Mit verquirltem Ei bestreichen und mit Sesamkörnern oder Mohn bestreuen. Im vorgeheizten Backofen bei 200 Grad ca. 15 bis 20 Minuten backen.

Alle Käsegebäckstücke
nicht gefriergeeignet

Rezeptverzeichnis

A

Apfel-Leber-Toast 25

B

Bananen-Käse-Toast 33
Bauern-Toast 30
Bunte Pizza 7
Bunte Pizzen vom Blech 16

C

Camembert mit Thunfisch 58
Camembert nach Bauernart 58
Ćevapčići-Toast 26
Champignonkuchen 35

D

Doppeldecker-Toast 24
Drachen-Pizza 12

E

Elsässer Krauttoast 33

F

Fischer-Camembert 57
Fisch-Käse-Tiegel 57
Fischpastete 42
Fleischpastete 40
Fleisch-Toast 26

G

Gebackene Briefe 51
Gebackener Camembert und
    gebackener Emmentaler Käse . 59
Gefüllter Camembert 58
Gemüsekuchen 41
Gemüse-Pizza 6
Gemüse-Toast 25
Gemüsetorte 39

H

Hackfleisch-Früchte-Toast 32
Hackfleisch-Toast 32

Hefeteig 9
Herzhaftes Hackbrot mit Spiegelei 33
Herzhaftes Schühchen 48

K

Käse-Gemüse-Tiegel 56
Käsehörnchen 55
Käsemonde 61
Käseplätzchen 55
Käsesäckchen 54
Käseschleifen 61
Käse-Soufflé 58
Käsestangen 60
Käsetaschen 54
Käsetörtchen mit
    verschiedenen Füllungen 52
Kalbfleisch-Schinken-Pie 34
Königinpastetchen 46
Kokos-Camembert 57

M

Meeresfrüchte-Toast 27
Mohn-Käse-Plätzchen 60
Mürbeteig 9
Muschel „frutti di mare" 37

P

Pfirsich-Schinken-Toast 26
Pizza-Baum 10
Pizza „Carciofi" 20
Pizza-Fisch 14
Pizza-Herz 15
Pizza „Legumi" 22
Pizza mit Elsässer Belag 16
Pizza mit Hackfleisch 6
Pizza mit Rimini-Belag 17
Pizza mit Spinatbelag 17
Pizza „Venezia" 18

Q

Quark-Öl-Teig 8
Quarkteig 8
Quiche Lorraine 38

R

Ragout fin
    in Blätterteigpastetchen 46
Rindfleischpastetchen 46
Roquefortkuchen 35

S

Sauerkraut-Ananas-Toast 31
Sauerkrautkuchen 6
Schichtpfännchen 57
Schwanenpastete
    mit Geflügel 50
Schweinemedaillon 24
Süßlicher Käsetiegel 56

T

Toast-Boot 28
Toast „Husum" 30
Toast mit Kiwi 31
Toast-Windmühle 28

W

Wildpastete 44

Z

Zwiebelkuchen 7
Zwiebel-Quiche 35